讀白蕉

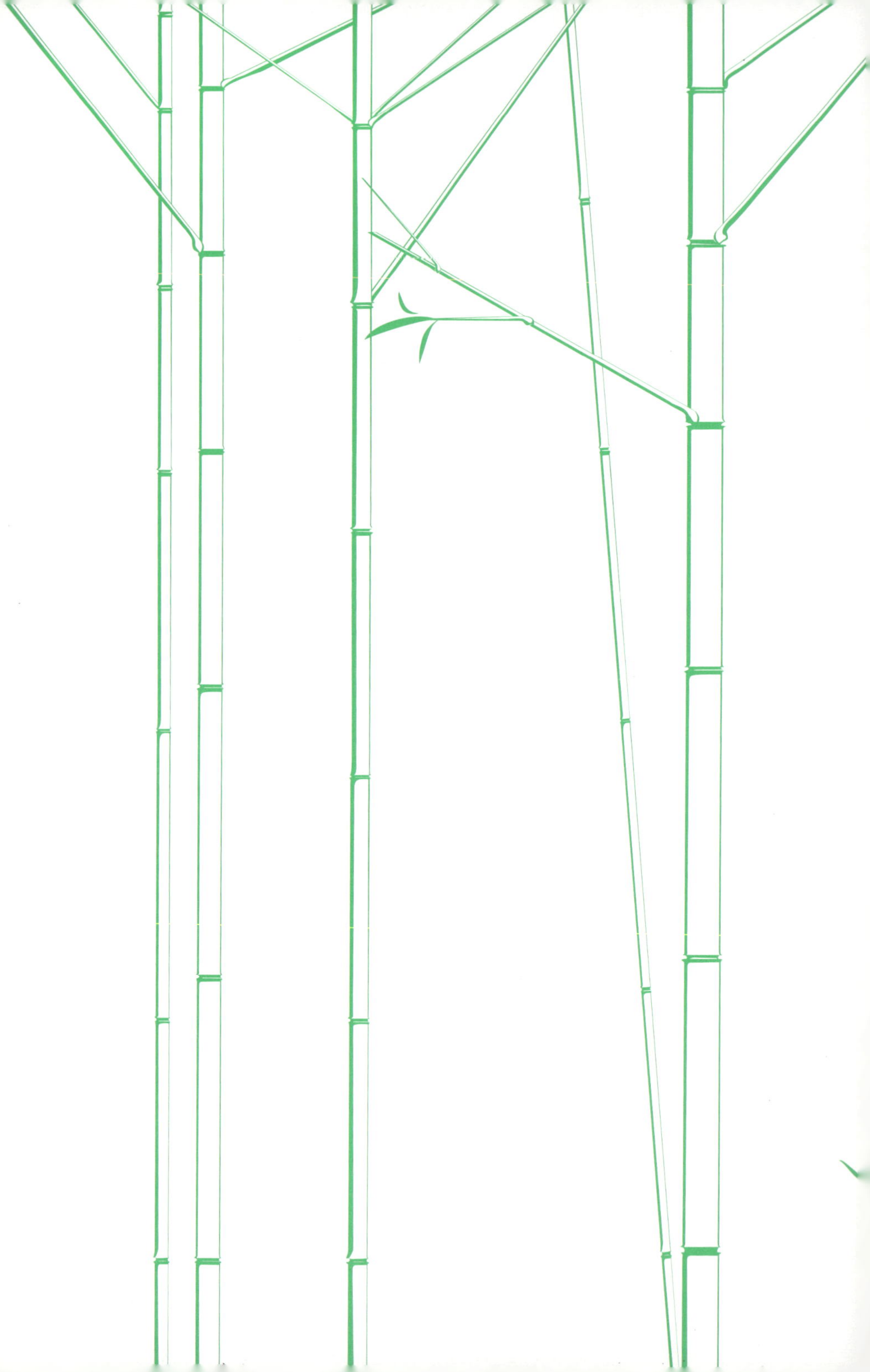

竹堂文丛

读白蕉

孟会祥 著

海燕出版社

白蕉先生（1907—1969）

目录

读白蕉

青年时期的白蕉

白蕉(1907.11.3—1969.2.3)，姓何，名馥，字远香，笔名白蕉，别署云间、复生、复翁、云间下士等，上海张堰镇人。家境清寒，自幼酷爱书画艺术。白蕉为人重品德而轻名利，以“德成而上，艺成而下”做座右铭。一生清贫，常“于黑墨白米之间每相为短长”。抗战期间，曾与邓散木举办“杯水书画展”，将所得尽用于救济难民。民国29年(1940)，他首次在沪举办个人书画金石展，深得方家推许。曾主编《人文月刊》，并编写出版《袁世凯与中华民国》一书，黄炎培为之作序，为研究袁世凯提供了重要史料。抗战胜利后，他看到张堰仅有小学，即邀方冲之等创办浦南中学(即今张堰中学)。新中国成立后，历任上海市文化局美术科代科长，上海中国画院筹委会委员及秘书室副主任、画师，上海书法篆刻研究会筹委会委员，中国美术家协会上海分会会员，上海美术专科学校教师等职。1957年，被错划为“右派”，遭到降职、降级、降薪等处分。“文化大革命”期间，又遭迫害，于1969年2月3日去世。1979年，上海市文化局为他平反昭雪，并做了善后工作。生平著作有《云间言艺录》《济庐诗词》《书法十讲》《书法问题讲话》《书法欣赏》《临池剩墨》《书法大成》《钢笔示范》《行书字帖》等。

水落石出：白蕉越来越受到关注

1999年，我在书店购得上海书画出版社出版的《白蕉兰题杂存卷》。当时觉得白蕉的字不过尔尔，有点小巧。后读胡传海所写出版后记《挥洒魏晋风流》，读到沙孟海“行草相间，寝馈山阴，深见功夫。造次颠沛，驰不失范。三百年来能为此者，寥寥数人”的评语，还认为沙孟海、白蕉是朋友，朋友之间相推许，也是常理常情。然而，毕竟沙孟海为声名显赫的一代泰斗，他的话还是令人震惊的。读过《近三百年的书学》的人都知道，沙孟海目光如炬，评陟书家，三言两语已然概括无遗。他对白蕉即使因朋友关系而推重，也不会失去学术水准。将《白蕉兰题杂存卷》初读一遍，才认识到白蕉的确是难能可贵。我当时记道：

> 云间复翁以“二王”嫡传，与沈尹默同执帖派牛耳。沈则声震四海，复翁声名稍逊，实复翁之书，胜沈一筹也。似此雅调，近年绝响矣。世人酷好将军体，又好所谓视觉刺激、展厅效应，是皆非复翁所长，亦非复翁所好。譬如为人，叱咤风云，挥斥天下，固一世之雄，安于书画，恬然无事，又何不可耶？白蕉写兰未之尝见，影淡铅浓中消息既多，又复有不食烟火之气，其雅可想而知之。己卯寒露时节，识于商城。

此后，2001年，我接触书法界人士渐多，才知道复翁之道不孤，学白蕉的人比比皆是。然而，白蕉的作品，除了《白蕉兰题杂存卷》外，罕见其他。约略记得早年《书法大成》曾影印重出，据说其钢笔字帖也曾重印，至于其他著作，如想必重要的《云间言艺录》《济庐诗词》《书法十讲》等，至今未能一见。近年出版昌盛，近世书法名家的书法作品集和文字作品，可谓略无遗珠，而白蕉仍然是个例外。今人学白蕉，一般都是凭《白蕉兰题杂存卷》，因为其他书迹，罕有介绍。2001年冬，我在网上搜集关于白蕉的资料，所得甚少，但毕竟看到了《行书桃花源记》《草书小品》等作品，可是，这些作品至今好像还没有在纸质媒体上介绍过。即使是《白蕉兰题杂存卷》，现在书店也难以买到。

一方面，当代写帖的人一般都临过《白蕉兰题杂存卷》；另一方面，白蕉的资料并不多，这种不相称是因为白蕉在当代帖学中的显赫地位还没有被整个社会所了解，白蕉的知名度还不够大。时间会改变这一现状。一般来说，一个人在世不为世所知，很难青史留名；在世时声名显赫，也可能会人走茶凉。一个人的在世名声和身后影响是其社会地位和实际水平的综合反映，而书史留名的决定因素，还是水平。白蕉是以水平被关注的，这种关注会越来越强烈。

白眼向天：狂而懒之名士

2002年，我曾写一篇小文《读〈白蕉兰题杂存卷〉》。有一段不妨照抄：

> 对书法来说，白蕉这一代人可能是最后的“古人”。古人书真，今人书假。什么是“真”？真就是老老实实写字，不欲人称工乃工。当然，不能说白蕉无意做书家，但他在写此长卷时，的确没有多少“精品意识”。“十字街头看笑靥，卖花人生是空筐”，写到“人生是空筐”一行，行色匆匆，有点像“一路花拳”。“意与神会，笔共风生，抖擞四十年……”写到第二行，发现漏了“生”字，情绪波动，以下便全作渴笔细画，一扫开篇的润泽。我猜想白蕉先生涵养极深，必是谦谦君子，蔼然长者，但他性格中急躁的一面，也跃然纸上。这些地方是白璧之玷乎，抑或是妙笔生花？都不是，只不过是涉乐方笑，言哀已叹，真情性的流露而已。借此，我们才能够如见其挥运之时。

我当时只是凭书迹猜想白蕉性格急躁，而潜意识中，还是觉得帖派书家一定是温文尔雅的。这是一种错觉。后来，零星读到些关于白蕉其人的文字，才知道他是如此狂傲之士。这些文字中，以陈巨来《安持人物琐忆·记十大狂人事之白蕉》所记最为传神：

白蕉，丁未生，字复翁，本姓何，松江人，闻其父为名医，故蕉兄亦能知医云。余与之相交最晚，解放后在平襟亚衡先生座中始相识，时平君以《书法大成》稿本求白为审定者。先是，余久知其为一狂而懒之名士，报刊上亦时见其文字，小品文似专学袁中郎一路者。及见之后，觉和蔼可亲略无狂态也。

至五六年十月，中国画院筹委会成立，他为十委员之一，兼秘书长，闻为文化局科室调充者云云。时二个委员，刘海粟、贺天健，均旁若无人，白反觉更和气了。但余从不与之多谈多话。及大鸣大放开始，白写了一篇洋洋文章，论书法，竟认为中国无一人懂书法、擅写字（隐隐以他自居为第一），最后一段云，反不如日本人有所得，“吾道其东乎”。遂被揪了出来，问以何故念念不忘日寇之用意所在？先已有刘海粟、张守成等，戴上右派帽子，最后召白兄、钱瘦铁、陆俨少及余四人，劝自戴右派帽子，可以早脱云云。故吾四人同具名请自戴者也。初白与余二人同管资料室，后余至淮南，遂无消息了。及六二年余回院后，白已调去美校为教员或秘书矣。从此不相处一起了。至六六年后，又闻其与余等一样作了牛鬼了。

及去岁余回家后，始知白已逝世了。据徐生告余，当其斗争最烈时，白所持手杖上贴了大字报，不准取下，走路以示众，白不堪日被批斗，病亟之时犹如此，致某日回愚园路家中时，爬上楼头，即倒地而死了。

白狂名至大，但余觉得，并不如外面所传为甚也。只他对沈尹默云云，似太对沈老过分一些，使沈老大大不怿。或者即据此一例可概其余邪？白书学右军固佳，晚年作隶书，尤非马公愚、来楚生可及者也。

据唐吟方《雀巢语屑》云，白蕉早年举办展览（大概应是1940年的展览），在广告语中即自称当代写“二王”第一人，而当时“物论殊不耳”。据白蕉夫人金学仪先生回忆：“悲鸿先生很赞赏白蕉的书法，为他订了第一张润笔单，并亲笔为他书写。1932年，特请他写‘屈原九歌’长卷，白蕉在《云间甲集》中云：‘悲鸿先生去年来书委写屈原九歌长卷，余以待病家居，鹿鹿未就，今半矣，乃始成之，计有真、行、草共计十纸。仙童乐静，不见可欲，风猷非唐以后人所能仿佛。恨丹麟不及见之也（其时丹麟已英逝）。壬申白蕉。’”时年白蕉25岁，竟然自谓“风猷非唐以后人所能仿佛”。嗣后，白蕉居然不负狂言。从艺者莫不狂，莫不有“老子天下第一”的念头。水平高而狂，那是狂得有资本；水平差而狂，那只能让识者掩鼻。其实水平高而狂，也就是有资本狂的人，又莫不虚怀若谷、广纳博取，否则，挣不来狂的资本。水平高而狂，可能深藏不露，那是涵养；水平高而狂，也可能无所顾忌，那是性情。1956年的白蕉“隐隐以他自居为第一”，哪里是“隐隐”，可能分明就是自许第一。至于他如何对沈尹默过分，不得而知。不过，沈、白两位身后，如果论到当代帖派书法，还无可避免地要对他们进行甲乙。

舍我其谁：当代帖派第一人

白蕉是当之无愧的当代帖派第一人。当代帖派名家，有沈尹默、潘伯鹰、马公愚、邓散木、吴玉如等（谢无量、弘一等不是“正宗”的帖派），堪与白蕉比肩者，也只有沈尹默一人而已。

陈振濂《现代中国书法史》说：

> 在沈尹默系统中，最具有成就，在书法造诣上，甚至超越沈尹默的，是白蕉。
>
> 在民国时代，还未发现如此深刻又如此自然地把握魏晋风度者。
>
> （沙孟海）称他为三百年来罕见者，我以为其实还可扩大。……在漫长的中国书法史上，赵孟頫、文徵明所缺少的逸气，董其昌缺少的浑成，白蕉可以说是兼而有之。在学王方面能与他媲美的，大约只有一

个元代的李倜。

陈振濂分明认为白蕉的成就，几可与赵孟頫、文徵明、董其昌等大家颉颃，又称他“甚至超越沈尹默”。这种语意的交叉，可能是考虑到了沈尹默巨大的影响和无可替代的贡献。沈尹默无可替代的贡献，陈振濂《现代中国书法史》、姜寿田《现代书法家批评》及相关文章中均有详尽的论述，此不赘言。

沈尹默是著名的学者、作家、诗人，白蕉诗书画印兼能，他们的文化素养，都足以支撑他们成为大师。所以，二人成就的高下之别，不在书外，而在书内。就书内而言，又可区分内外。外者，天分、灵气和心态；内者，取法道路和创作实践。早年，陈独秀斥沈尹默其俗在骨，现在许多人为沈辩护，甚或以为陈独秀不知书，其实哪里是不知书，而是发了诛心之论。五四运动时期，沈尹默曾执编《新青年》，为风云人物，而且以善书知名。周作人著名的“苦雨斋”匾额，即出于沈尹默之手。三字以颜体为根基，不无肥浊之气，实是俗格。字可以生、可以稚、可以躁而不可浊，字肥浊，往往说明作者的灵气有限。尽管后来沈尹默勠力攻书，精极笔法，而其用笔学褚有缠绕之弊，章法难免布算痕迹，自唐溯晋，所溯不可能是晋。同时，正因为沈尹默后期全心作书家，反而成为心理负担，使作品中鲜有天真烂漫，而太多应规入矩。白蕉则正好大异其趣。其楷书当以欧、虞为基础，虽以平正为主，而不乏六朝遗韵。学王羲之，则更多的是自证自悟，绝去依傍。白蕉曾自称学《丧乱帖》四十年如一日，又据说放大王羲之杂帖张之壁间，日夕观摩，得其神采。白蕉也写有不少严谨的作品。如果仅以其严谨的作品而论，最多可与沈尹默分庭抗礼，也就无以超迈了。难得的是像《白蕉兰题杂存卷》这样的作品，心境何其悠然！在这样的作品中，显示了他笔法的使转自如，字法的变态百出，章法的随意所适，其气息在超脱、宁静之外不乏凌厉和颓唐。如果说天性不可违，沈尹默人定胜天的愿望也算基本上实现了；而在实现的过程中，也就失去了“无意于佳乃佳”的契机。

不过，尽管我认为沈尹默不及白蕉，但他们仍是一时瑜亮。把沈尹默馆阁化的观点，与其说是一种偏执，毋宁说是无知者的妄说。这只要看看沈尹默的尺牍，就可以明白。

如何得神：曰行所无事

《白蕉兰题杂存卷》里有一段云：“或问写兰如何乃佳，云间曰：先不问佳。曰：既若能矣，于昔贤宜安从？曰：古人何所师？曰：如何得神？曰：行所无事。”文风似晚明小品，语气似禅宗公案，又隐隐透出自负甚至倨傲，这是白蕉式的语言，驽钝者做不了他的弟子。白蕉书法的天才性也正是无法剖析的。但是，如果分析他绣出的鸳鸯，倒也并非全是不可言诠。

陈振濂在《现代中国书法史》中分析了白蕉成为大师的原

因：其一，个人素质；其二，与沈尹默集群的年龄差异，使他保持了独立性；其三，“非职业”倾向保持了他宝贵的感觉能力。他的分析宏观而雄辩。胡传海《挥洒魏晋风流》无疑是评价白蕉的重要文献之一。他说：

> 在“二王”之中，白蕉更倾向于大王（王羲之）的表现方式，当然，白蕉也不是一味地再现“二王”的面貌，细细品味仍然可以看出其中的差别：白蕉用笔更追求起落无痕迹，折笔相对减少；结字求简；行笔速度更快些；字距安排也力求变化。可以说，白蕉在“二王”的基础上还运用了一些现代的用笔技巧，从而避免了他作品一味崇古的嫌疑。

白蕉之所以为白蕉，当然是一种“总和”，我们不妨试图找到些形而下的各个加数：

之一：欧虞基础。欧阳询的楷书从隋碑而来，虞世南是智永弟子，但欧虞楷书从用笔到结体都不无相似之处。《行书桃花源记》为我们提供了白蕉学欧的具体证据，而白蕉其他行书，则似乎虞体的成分多些。欧体中宫紧，而虞体中宫宽；欧体多相背之势，虞体多相向之势。白蕉结字多取相向之势。虞世南楷书虽为山阴嫡传，然而隶意明显，似过于王羲之、智永，白蕉没有采用虞世南那种平缓右伸的横画和捺画，他是有扬弃的。

之二：碑版基础。我尚无力指出白蕉学过哪一碑，不过，白蕉行书中不乏碑趣。王羲之、米芾行书中，有不少字结体酷似魏碑，即使不能直指其学碑（王羲之当然不可能学魏碑），或暗合、或受影响，总之结果是这样的。通脱的人是不会町畦碑帖的，有些字的本来面目即天真，非碑无以表现无遗。白蕉说："碑与帖如鸟之两翼，车之两轮。""碑版多可学，而且学帖必先学碑。""碑宏肆；帖萧散。宏肆务去粗犷，萧散务去侧媚。"《白蕉兰题杂存卷》里有一段话也值得玩味："足下喜坡公法书，何妨看《马鸣寺碑》，更参王僧虔手帖。足下若云此中消息何预兰事，我谓然则兰亦何预君事。"这段话不但涉及碑与帖，而且不少字甚似六朝精细一路碑志。

之三：《得示帖》和《孔侍中帖》。白蕉学王羲之，当然是无帖不学，而所得最多的，当不是《丧乱帖》，而是《得示帖》和《孔侍中帖》。王羲之用笔以裹锋为主，所以线条瘦硬；折多于转，所以更见锋棱瘦骨。在王羲之的名帖中，《得示帖》和《孔侍中帖》最为温润，白蕉与此最为接近。

之四：笔法。笔法是帖派书法的核心；转笔又是帖派笔法的核心。白蕉线条的起止无迹，八面出锋，直接王羲之，这是毫无疑问的。实现转笔的方法，则是锥体的笔锋，以不同的侧面着纸，同时，在调转方向时，通过转和折，总使笔锋发力得势。为了利于调转笔锋侧面，许多人认为应该低执笔，从而实现指腕配合，转折分明；实际上，如果执笔太低，则虽然换锋分明，但有亏圆润流畅，而且笔势短促，难得点画中的蓄势饱满，留有余地。必执笔略高，才能实现杠杆式的传递发力。五字执笔法又称为拨灯法，大概就是这个缘故。白蕉的线条粗看匆遽少留驻，细看则处处交代清楚，笔笔力送到底；粗看逸笔草草，若不经意，细看则杀纸甚深，不乏铺毫。在这样的情况下，他犹能游刃有余，举重若轻，从不把笔用“老”、用“死”。比较沈尹默尺牍我们就能看到，沈尹默的张条，形准而笔实，却相对少一种带燥方润、将浓遂枯的韵致。

之四：用曲。容易看到《行书桃花源记》直多而曲少，《白蕉兰题杂存卷》则曲多而直少。书法中曲直并用，而以曲为难能。《白蕉兰题杂存卷》“平锋侧断，抽毫正利，操管貌叶……”一段，相对直多，就显得枯燥些。白蕉善于用曲，特别是短笔画，一般人写得直来直去，他却能写得富于弹性。这或许得益于画法。平时爱兰成癖，朝夕观摩，得其神趣，便用草书笔法一挥而出。兰的生趣，也正在曲中。

之五：活气。白蕉曾说：“作字要有活气，官止而神行，如丝竹方罢，而余音袅袅；佳人不言，而光华照人。”如果说像《行书桃花源记》《桂棹梅花联》这样的作品，还有些“作家气”，那么像《白蕉兰题杂存卷》这样的作品，正可谓处处得活，行于所当行，止于所不得不止了。

不知何时得读白蕉的所有作品和著述。

2004 年 7 月 23 日

三百年来一复翁

——再读白蕉

约 1947 年摄于大新公司展览厅

白蕉，1907年11月3日生于上海张堰尚书浜十六号。姓何，小名橘馨，为其父亲所起；名馥，字远香；又名旭如，为其寄父张仲田先生所起；又名法治。因喜欢美人蕉，自取笔名白蕉（白蕉初恋女友送白蕉一朵美人蕉，其哲嗣何民生先生曾亲眼见过，夹在一空白册页中。后白蕉出版白话诗集，即名《白蕉》），别署云间、复生、复翁、云间居士等。祖父何朗甫，医师。父何锡琛，医师，爱好园艺，热心公益，人称献臣先生。母亲徐宝荆，性格开朗，勤俭能干。1923年，白蕉入上海海澜英专。海澜英专为蒋碧薇、蒋丹麟之父蒋梅笙所创，通过蒋丹麟，结识徐悲鸿。后上过政法大学。1927年，失学，与李畹芬结婚。后应人文图书馆董事长黄炎培之邀，入馆为《人文月刊》编辑，著《袁世凯与中华民国》，1936年出版，受到柳亚子、叶楚伧赞赏。1937年，执教上海光华大学附中，与唐云等组织“天风书画社”，参与徐悲鸿义卖画展，为难民募捐。1938年，与邓散木举办“杯水书画展”，为抗战募捐。1941年，与第二夫人金学仪结婚。1949年，与邓散木合写《钢笔字范》。新中国成立后，在上海市文化局工作。1953年秋，赴京开会，在徐悲鸿陪同下看望齐白石。留京十许日回上海，翌日徐悲鸿逝世。1957年，因言获罪，被划成“右派”，降级、降职、降薪。1961年，摘掉“右派”帽子。4月8日，“上海中国书法篆刻研究会”成立。1962年，执教上海市青年宫书法学习班。1965年春节期间，赴合肥讲学。1966年，被批斗、抄家，“从严处理”。1969年2月3日，农历戊申年十二月十七日凌晨逝世，享年62周岁。每每瞻读复翁生平照片，见其青年时代意气风发、气宇轩昂，望之如临风玉树，而晚岁抱病，枯槁憔悴，忧郁如垂天之云，感慨何似！

白蕉是平常人，不著青紫，一生无大跌宕、大关节；而能诗、能书、能画，天分卓荦，才变得不平常。

记得1999年购得上海书画出版社《白蕉兰题杂存卷》，我始知白蕉之名。此前，箧中有《书法大成》一书，其中收有白蕉的作品，竟然并没有印象。《白蕉兰题杂存卷》（白蕉自题《兰题杂存》）出版之前，别说学习白蕉，知道白蕉的人，也并不太多吧。这样的旷代杰作，这样的旷世逸人，哪能湮没？不几年，就兴起了“白蕉热”。等到2007年年初海派书法晋京展，“海派代表书家系列作品集”甫一面世，《白蕉》卷被抢购一空。日前，上海书画出版社《白蕉墨迹集萃》印行前网上预订，书界友人居然奔走相告。试问，近代书家，谁有如此魅力？“文革”后30余年的书法类图书出版史上，几曾有过如此盛况？感谢这个时代，它允许我们无遮拦地喜欢真心喜欢的艺术作品，它允许我们怀着公平心，对曾经饱经磨难、几乎被岁月尘封的白蕉加倍地倾心。白蕉，你这个清高狷介、调高辞雅、才华不可一世，而晚境凄怆、身后萧条之人，其道不孤，传人无数，该含笑于九泉了。

狂人、韵人、至人

白蕉有狂名。陈巨来《安持人物琐忆·记十大狂人事之白蕉》云：

> 白蕉，丁未生，字复翁，本姓何，松江人，闻其父为名医，故蕉兄亦能知医云。余与之相交最晚，解放后在平襟亚衡先生座中始相识，时平君以《书法大成》稿本求白为审定者。先是，余久知其为一狂而懒之名士，报刊上亦时见其文字，小品文似专学袁中郎一路者。及见之后，觉和蔼可亲略无狂态也。
>
> 至五六年十月，中国画院筹委会成立，他为十委员之一，兼秘书长，闻为文化局科室调充者云云。时二个委员，刘海粟、贺天健，均旁若无人，白反觉更和气了。但余从不与之多谈多话。及大鸣大放开始，白写了一篇洋洋文章，论书法，竟认为中国无一人懂书法、擅写字（隐隐以他自居为第一），最后一段云，反不如日本人有所得，“吾道其东乎”。遂被揪了出来，问以何故念念不忘日寇之用意所在？先已有刘海粟、张守成等，戴上右派帽子，最后召白兄、钱瘦铁、陆俨少及余四人，劝自戴右派帽子，可以早脱云云。故吾四人同具名请自戴者也。初白与余二人同

管资料室，后余至淮南，遂无消息了。及六二年余回院后，白已调去美校为教员或秘书矣。从此不相处一起了。至六六年后，又闻其与余等一样作了牛鬼了。及去岁余回家后，始知白已逝世了。据徐生告余，当其斗争最烈时，白所持手杖上贴了大字报，不准取下，走路以示众，白不堪日被批斗，病亟之时犹如此，致某日回愚园路家中时，爬上楼头，即倒地而死了。

白狂名至大，但余觉得，并不如外面所传为甚也。只他对沈尹默云云，似太对沈老过分一些，使沈老大大不怿。或者即据此一例可概其余邪？白书学右军固佳，晚年作隶书，尤非马公愚、来楚生可及者也。（此段文字前文已引，再读一遍何妨。）

据唐吟方《雀巢语屑》云，白蕉早年举办展览，在广告语中即自称当代写“二王”第一人，而当时“物论殊不耳”。据白蕉夫人金学仪回忆：“悲鸿先生很赞赏白蕉的书法，为他订了第一张润笔单，并亲笔为他书写。1932年，特请他写‘屈原九歌’长卷，白蕉在《云间甲集》中云：‘悲鸿先生去年来书委写屈原九歌长卷，余以待病家居，鹿鹿未就，今半矣，乃始成之，计有真、行、草共计十纸。仙童乐静，不见可欲，风猷非唐以后人所能仿佛。恨丹麟不及见之也（其时丹麟已英逝）。壬申白蕉。’”时年白蕉25岁，竟然自谓“风猷非唐以后人所能仿佛”，也确实有点狂。白蕉云：“甚矣哉！艺之使人傲也，此昔贤语。大概使人傲者，自视天下第一，视人皆二三等，或未入流也。余谓傲无不可，然宜在意而不在容，在意者必有成，在容者徒取厌。”

白蕉虽一介书生，然而所谓名士，位卑不妨怀高。新中国成立初期，柳亚子曾为白蕉写信，向华东局领导推荐其工作，白蕉不愿借其盛名，未寄出柳信。这也是一种清狂啊！其诗兼有杜甫的沉郁顿挫与李商隐、杜牧的旖旎多情，或放手成新乐府的通俗畅达，皆本于事实，直摅血性。在诗中，才可以体现其面向时代、面向社会的宏阔思致，这也是诗比书重要的原因。即如颜书伟大，但与杜诗相比，还是第二乘义。如《丁亥云深处杂诗之一》（图一）：“锋镝余生得幸全，休怜九载陷腥膻。小民泪尽甑无火，南望金陵又二年。”《上海解放凌晨观解放军行列》（图二）：“揩眼相看此日新，阳乌潜曜始如春。精神为发宵无睡，城郭能知世有人。静后惊雷犹隐隐，行中战马亦振振。未哀十载流离了，终惜百年陇亩身。”直可以史诗读之。书法之外，白蕉诗、画、印，皆非同凡响，限于笔者的学力和此文的篇幅，只能谈其人其书了。世人皆谓白蕉狂，我在读白蕉时，看到的却是进退揖让，彬彬有礼。尤其敬老尊贤，殷勤周至，令人动容。姚鹓雏为白蕉尊人老友，前辈诗人，白蕉每有尺牍请益，或楷书、或行楷，无不全力以赴，写得精绝可人，毕见其尊仰唯恐不及。“闲日追随意自亲，姚侯文学我乡尊。却思车下仓皇别，又作相逢隔世人。”（图三）这种情愫，感人至深。黄宾虹死，白蕉为其送葬，留杭三日。齐白石死，白蕉著文悼念，因为懂得齐白石，说了“深入生活”的真话，也成为“右派”的“罪证”之一。

至于白蕉是否与沈尹默有隙，非我能知，不能置喙。唯

图一

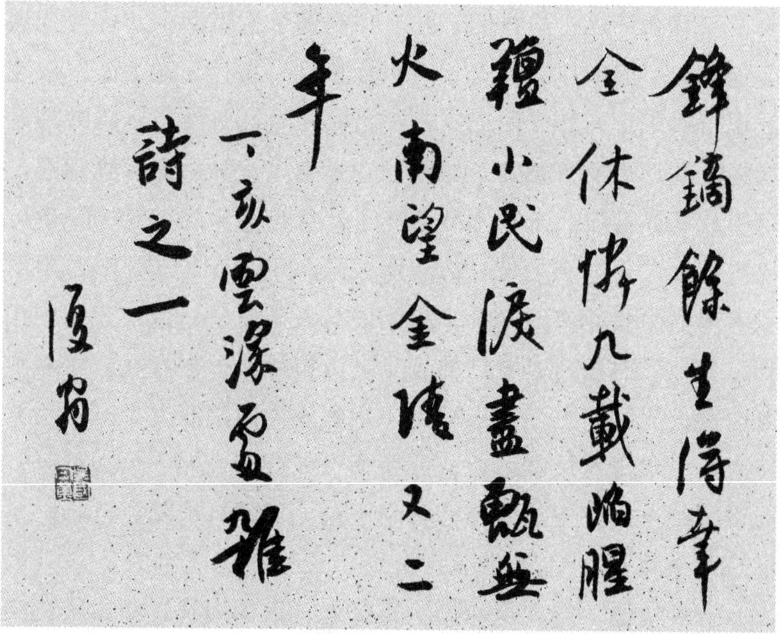

图二

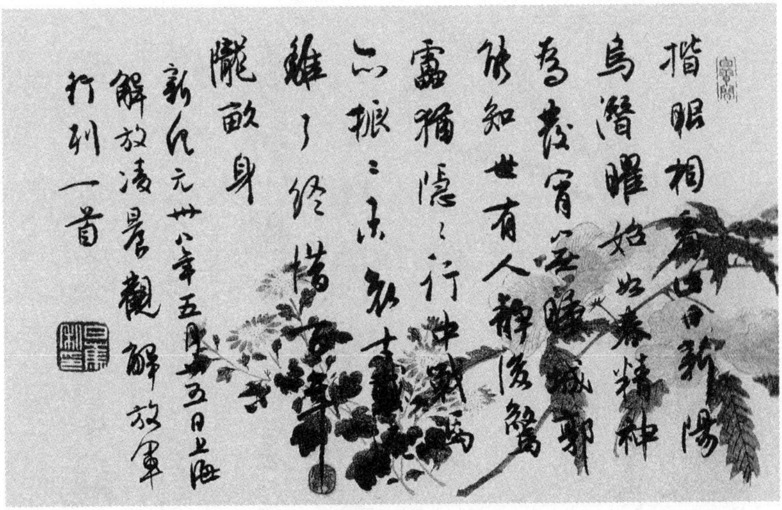

图三

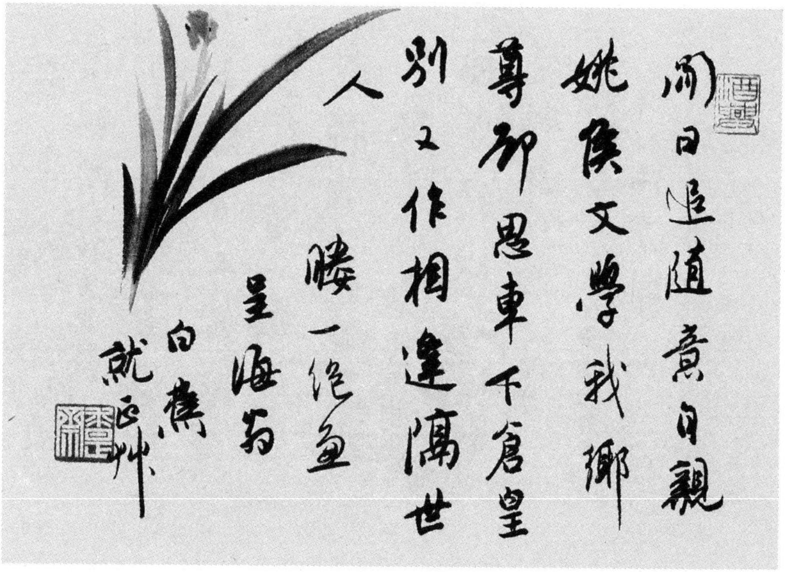

尝见其论书三绝句稿本，有“气息强能到宋元”云云，似乎不够恭敬。然而平心而论，无论是沈尹默还是白蕉本人的成就，与宋元大家相比，诗词根本没有侧身文学史的资格，书法也望尘莫及，“强能到宋元”，说的是实话。中国的文艺批评，并世不论，否则与伦理、世故总是纠缠不清，近半个世纪以来尤其如此。白蕉真而直，当然就“狂”了。白蕉言事，往往直来直去。比如关于展览，白蕉曾说：“开展览会等于乞化。不敢骂尽世人，我自所感如此。”“展会之作，其始求名，其继求金，皆得失劳心。”白蕉可能料不到，其身后四五十年，书法会彻底进入展览时代，如果白蕉见到今天如火如荼的展览，当作何言呢？说出来会不会遭人不待见呢？

所谓风度，一种高华超逸之致，体现于立身处世之大节，也体现于一举手一投足的姿采。当白蕉与翁史烱通信，时时迸发的幽默风趣，真如《世说新语》中人物。如“小洋刀”一札（图四），曾经丢失了“向不离身”的“眼睛牌”小洋刀，去五金店询问太贵，就托翁史烱问有没有五金业中喜书画者，愿以两倍之值的书画交换。“此两得之事，庶视媒人耳。如可转托，功德万万。”读之真是令人发噱，不意复翁儿童般可爱。又“题研”一札（图五）：“尊砚名端，极细润发墨，不待试审为上品。蔼老允看砚作铭，正见老辈敬事。我意请兄在厂假日先来取去求题。此在我亦是敬老。而我诺言必践，则如东方出日，尽人可信也，一噱。”“老辈”二字前，空了一格；“出日”之诺，令人拊掌。“蔼老”题后，又札（图六）云：“蔼老所制砚铭文甚好。俟吾题‘含光室’可也。数月来

图四—一

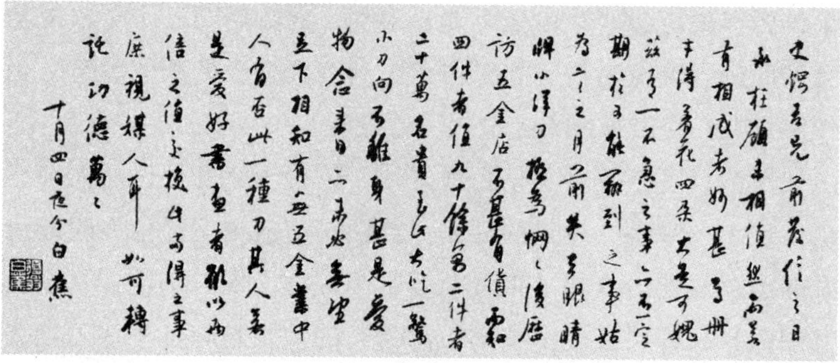
文炤吾兄：前發信之日
承枉顧，未相值。然而吾
青相成，未始甚了。册
未得，菊花四朵大是可愧
兹事一不急之事，亦不一定
期於可能辦到之事，姑
為一一之。月前失去眼睛
牌小洋刀，極為惘惘。後歷
訪五金店，不甚有貨。兩和
四件者值九十餘，兩二件者
二十萬，名貴至此，大吃一驚。
小刀向不離身，甚是愛
物。念來日二者必無望
互下相知有無五金業中
人肯否此一種刀，其人若
是愛好書畫者，願以兩
件之值之換，此亦得之事
廉視標人耳。如可，轉
託。叨德萬萬
十月四日夜分 白蕉

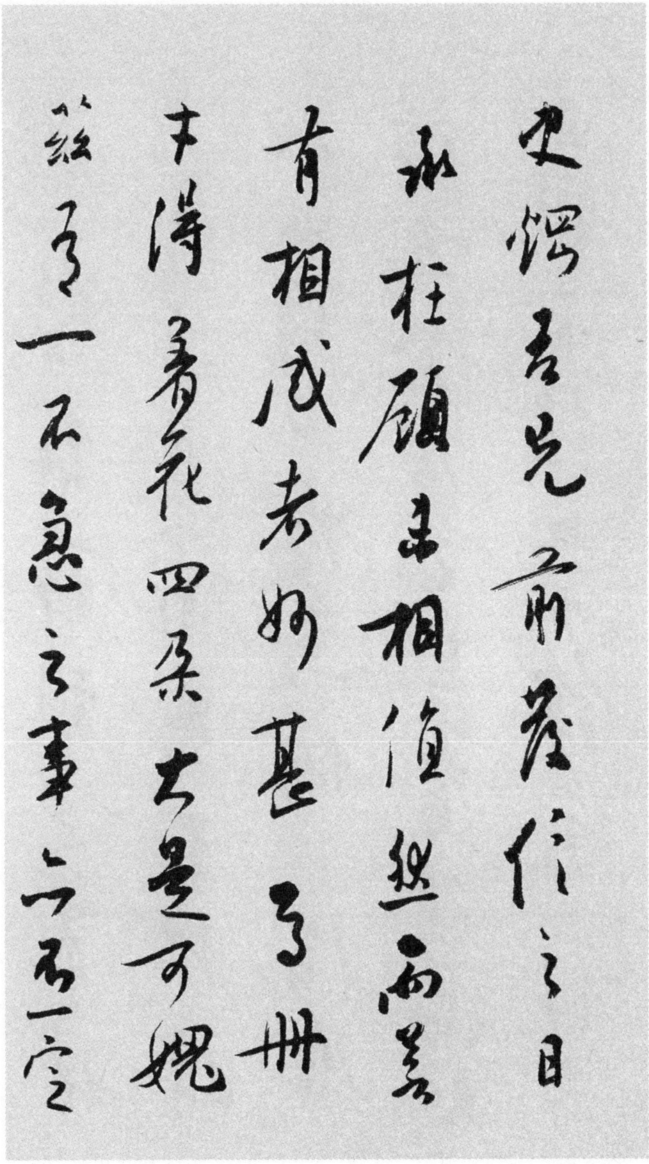

图四——二

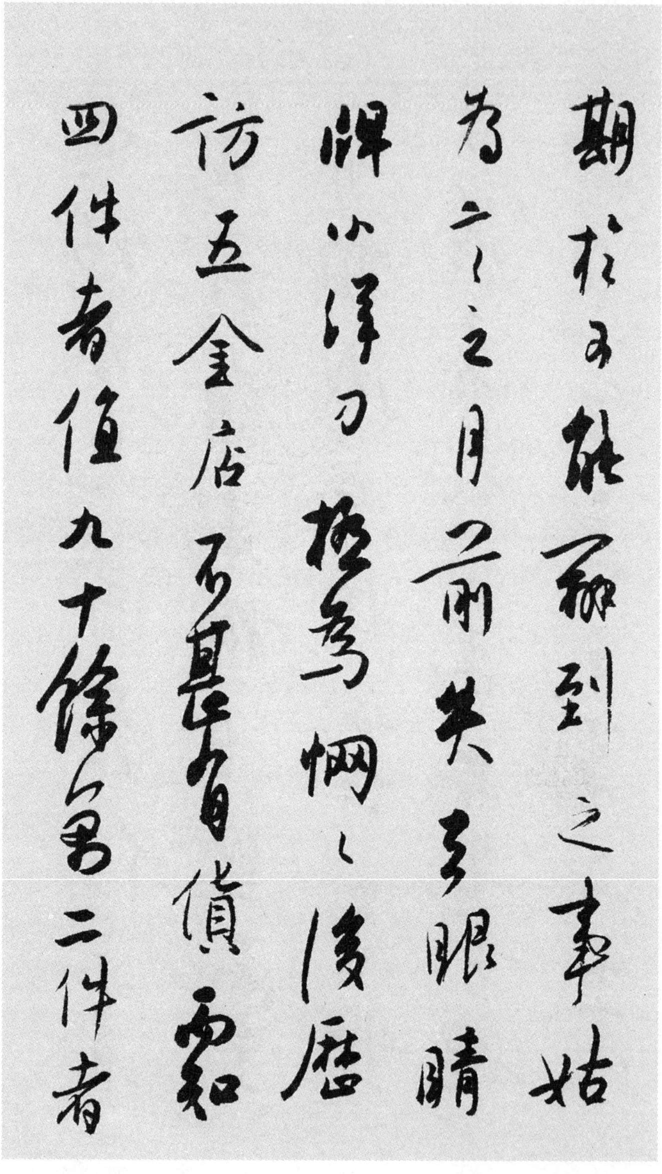
期於可能範圍之事姑
為之之月前失其眼睛
睥小洋刀換為惘惘後歷
訪五金店不甚有價需知
四件者值九十餘元二件者

图四—三

图四—四

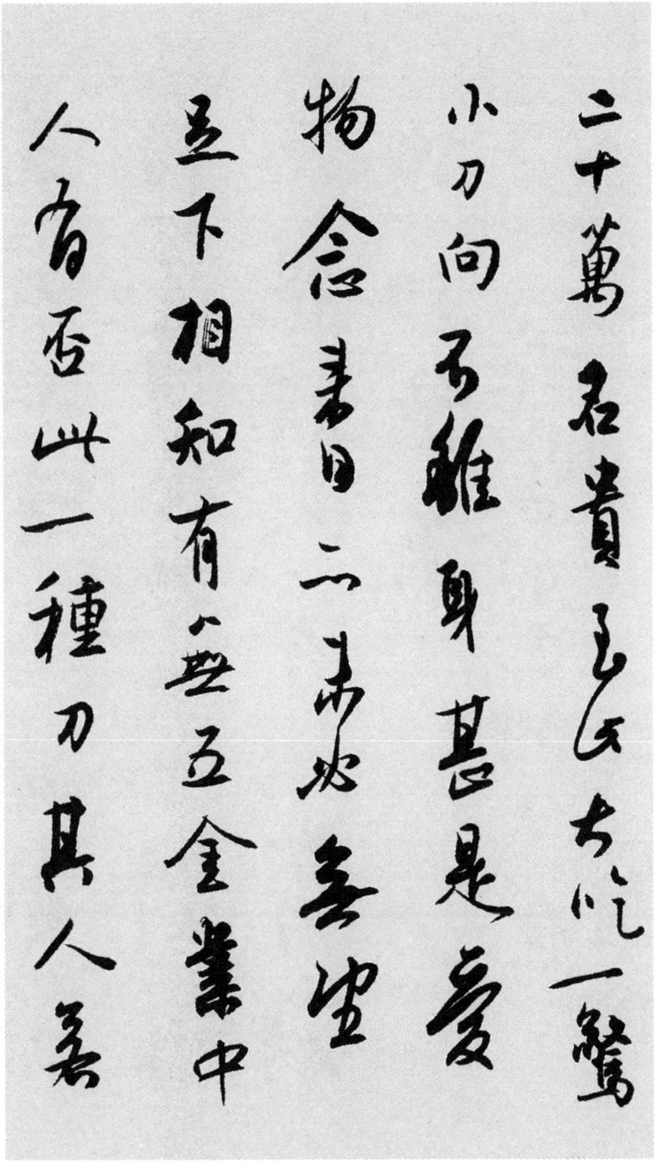

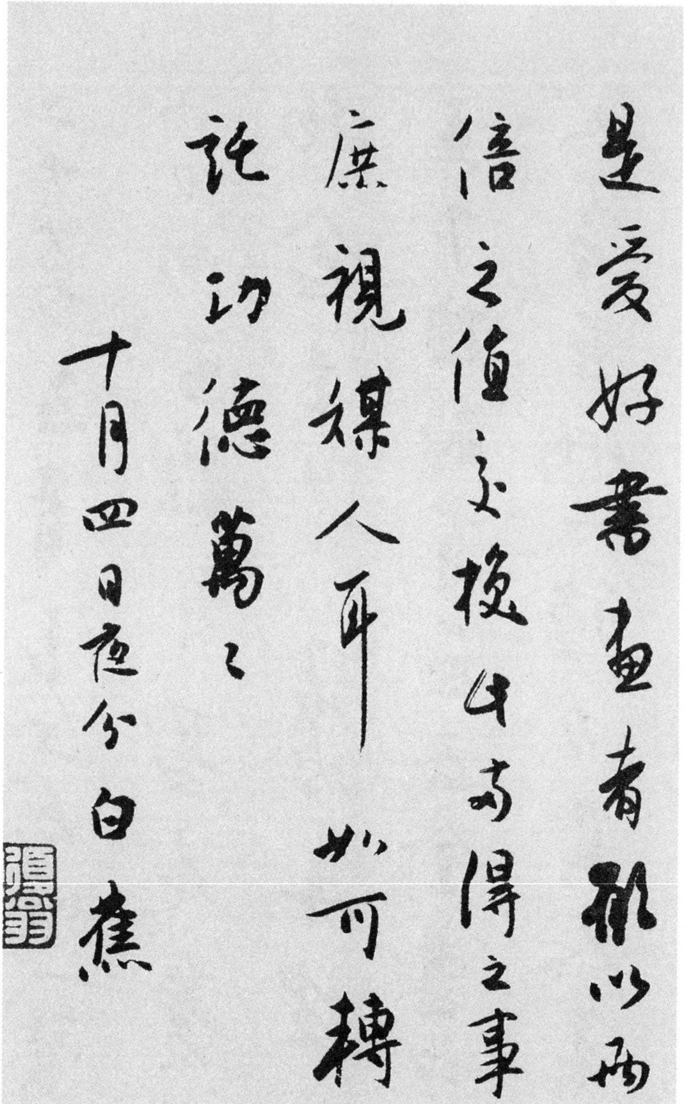

是愛好書畫者亦以兩倍之值交換此等得之事庶視祿人耳此可轉託功德萬萬

十月四日德今白蕉

图四—五

图五一

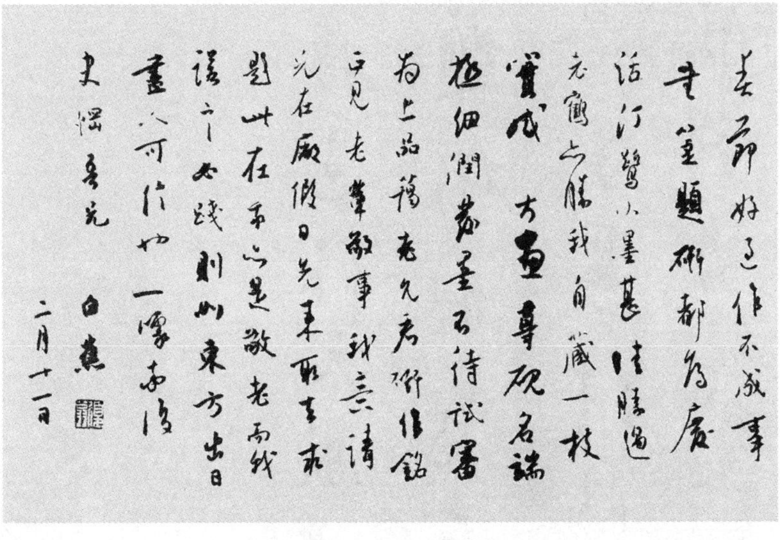

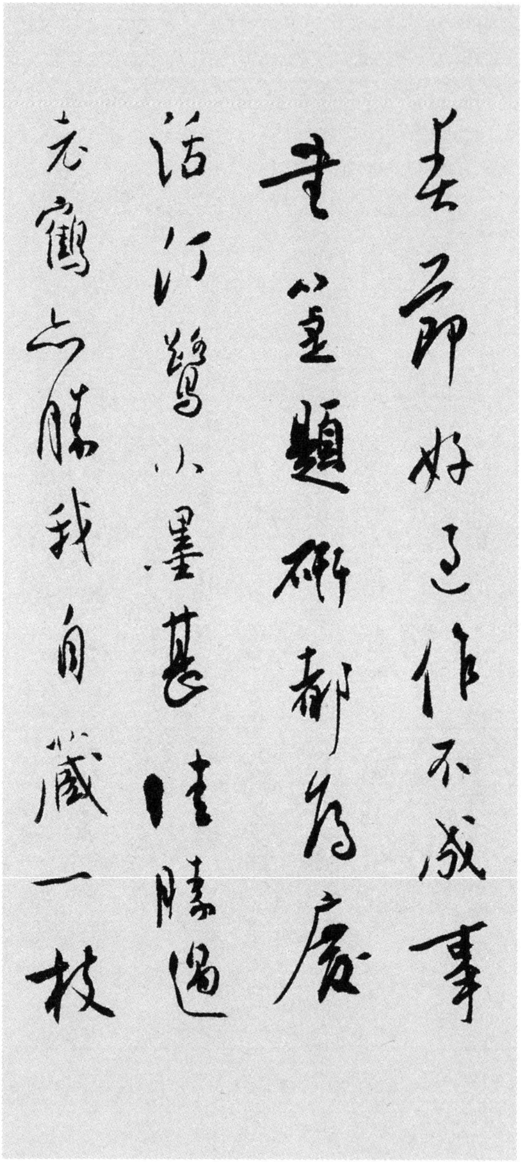

图五—二

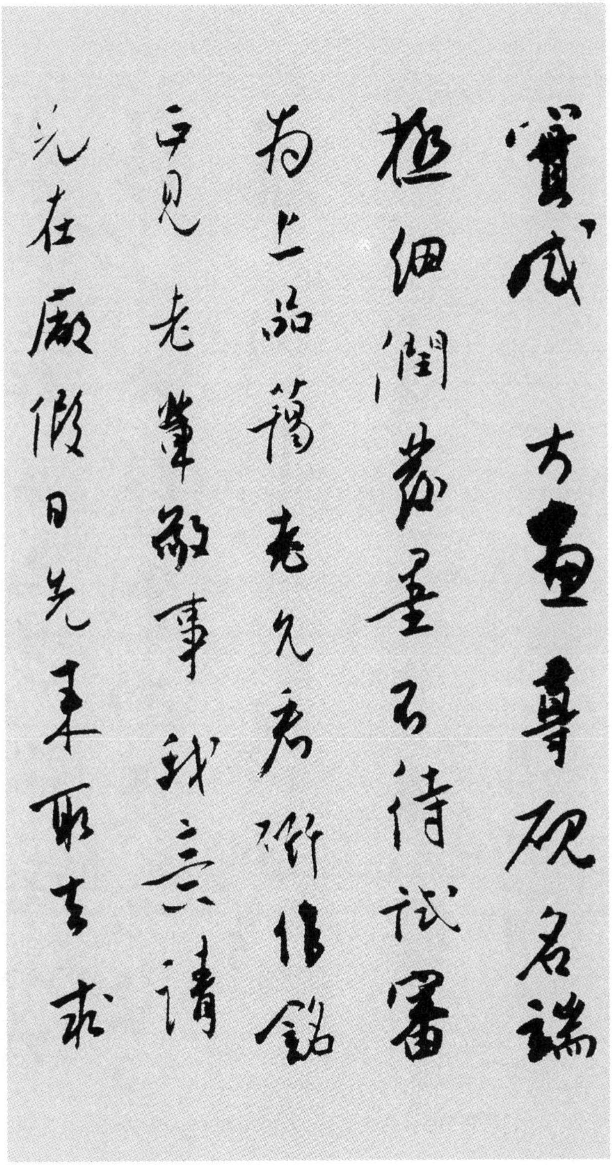

图五—三

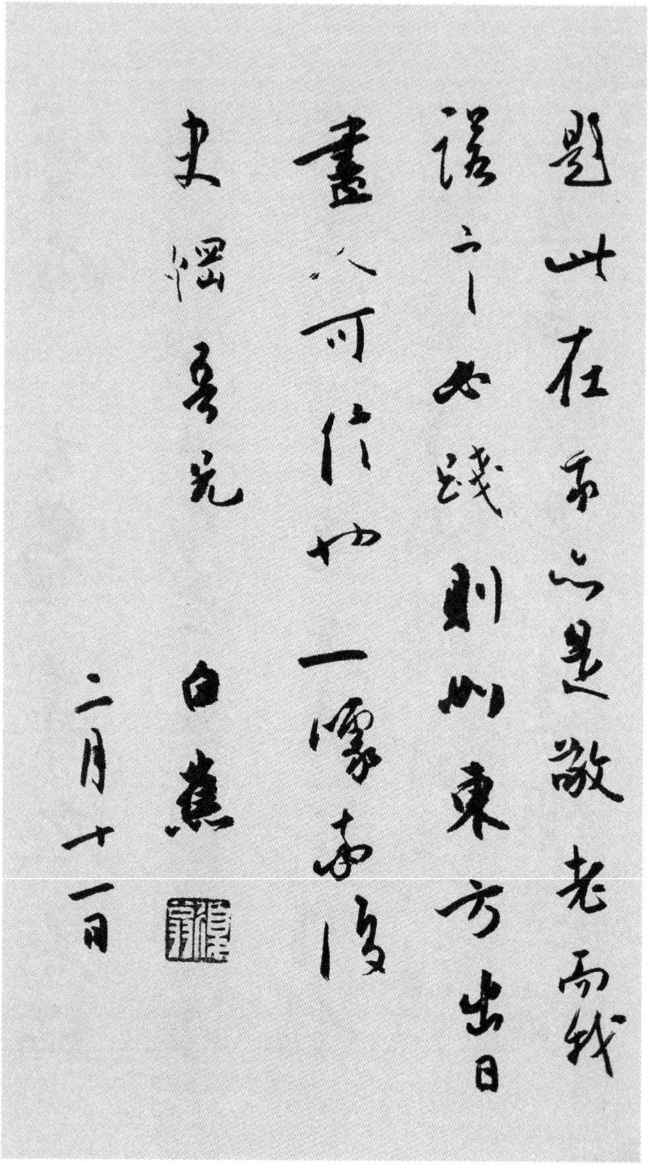

图五—四

图六—一

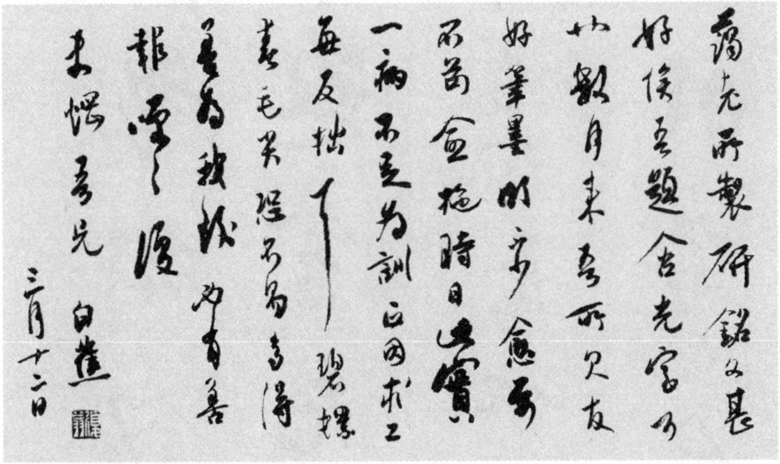

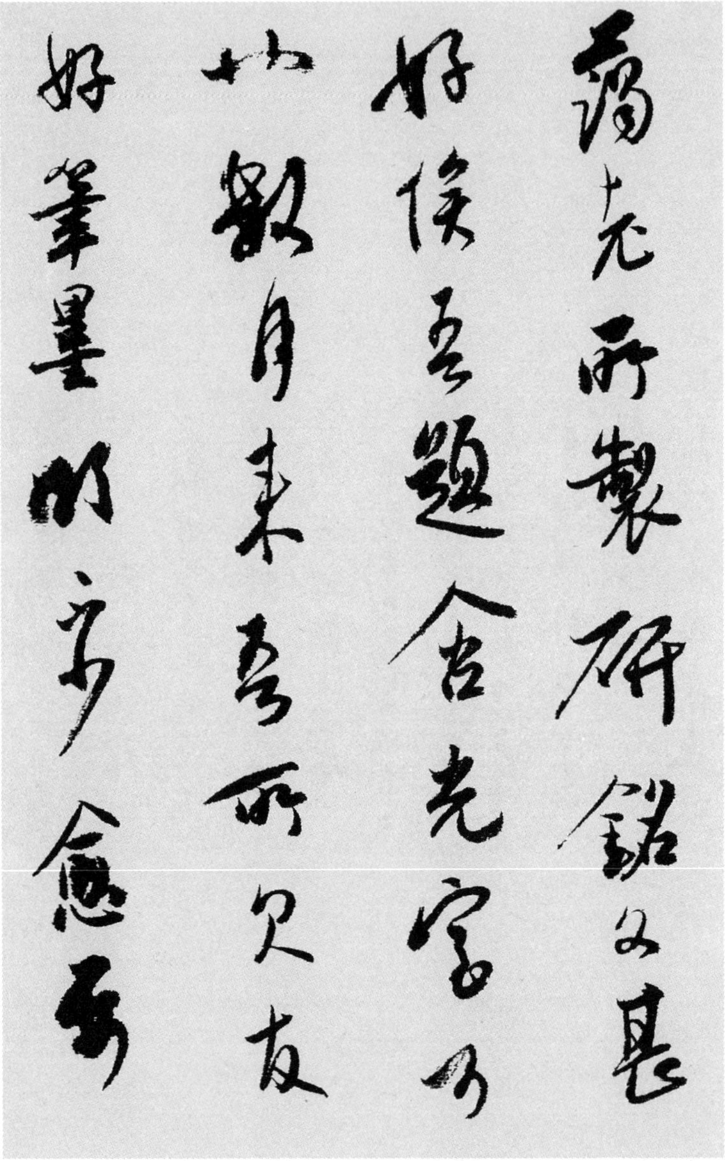

图六—二

图六—三

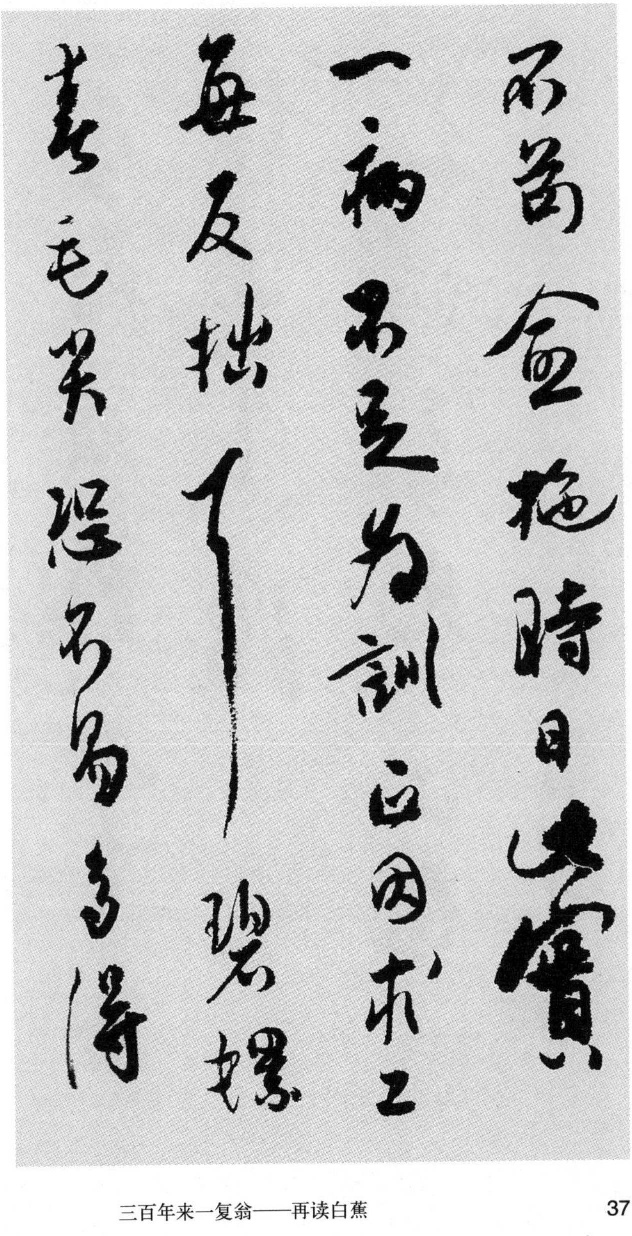

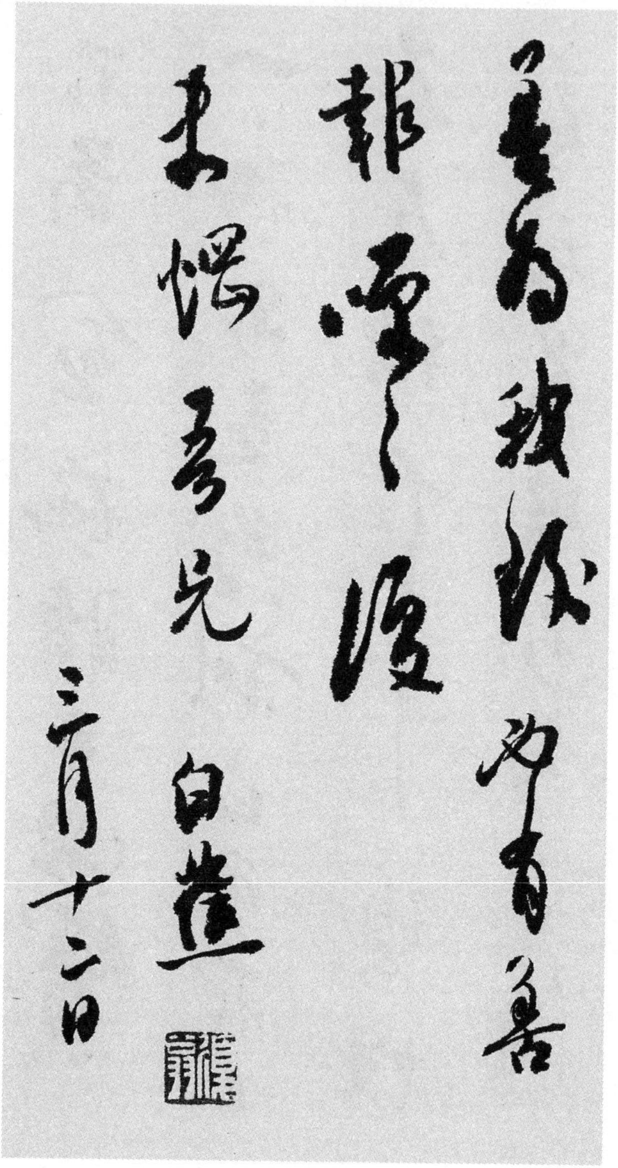

图六—四

吾所欠友好笔墨颇不少，愈要不苟，愈拖时日，此实一病，不足为训，正因求工，每反拙耳。碧螺春毛尖恐不易多得，善为我致，必有善报。笑笑。”这个“笑笑”，婴儿般纯真。白蕉尝记：“一日与室人相骂，余愤而击碎一烟灰缸。又得一新解曰：天下无不是的老婆。”读之可莞尔否？（据何民生先生记，民国大诗人林庚白善易，访白蕉，白蕉戏求为烟灰缸卜。林曰，寿不过今日。林告辞后，白蕉望烟灰缸出神，金夫人久呼不应，怒而掷碎之）钱君匋曾为白蕉刻印，其中二方，白蕉不满，写信直陈：“我意初有不足，未与老友言亦数年。若终不言，则抱憾终身矣。”历指瑕疵后说：“大刻不止一二，今求重刻，则不但不情，世且未闻。弟亦未躬自遇之也。敬奉商，便为一九五三年新事如何，如何？”这种真率，也实在不易见到。在我看来，白蕉尺牍文字，与其书法一样，走的是魏晋尺牍现代化的道路，他是活在现代的六朝人。王国维论词有“赤子之心”一说，既为赤子，可能不谐于俗，然而却永葆了真淳的本色。白蕉就是不失其赤子之心者，他是一个狂人、韵人和至人。

楷书、行书、草书

白蕉能楷书、行书、草书。尽管陈巨来尝谓白蕉隶书“尤非马公愚、来楚生可及者也”，实际上其隶书作品罕见，而且整体成就应逊来楚生一筹。至于篆书，我从来没有见过。尽管白蕉不反对学碑，但他显然是个纯粹的帖学家，他的成就限于楷、行、草书。

白蕉楷书初学欧体。白蕉女儿何雪聪在《我的家庭》一文说："（白蕉）少年时候就酷爱书法，把零花钱全都买了笔墨纸张，独自一人在低矮闷热的小阁楼上练字，从欧阳询《九成宫》入手，又临'二王'，酷暑严寒从不间断。"曾明《一代名士，旷世才情——白蕉和他的艺术》一文说："据说白蕉早年临欧阳询的《九成宫醴泉铭》，对着阳光可与拓本重合，据说他临虞世南的《汝南公主墓志铭》也能如此。"这一说法是基本可信的。白蕉楷书以欧体为基，但吸收了虞世南的因素，估计对《孔子庙堂碑》下过功夫。白蕉认为《汝南公主墓志铭》为米芾所临，若非深入临习，也得不出这样的结论。另外，白蕉作品中的小楷，逼似钟繇，但他学钟书应该稍晚，因为其行书初期单薄，大概受钟繇小楷的启迪，才逐步变得结字错落多变、用笔沉实厚重。平心而论，白蕉楷书尚不具备大家的品质，只是为他的行书提供了基础。从书法史角度看，行书创立其实早于楷书，它的基础是隶书和草书，这样，说行书的基础是楷书，似乎不合逻辑。但是，当楷书成为正体之后，与行书的关系就相当密切了。纵观历代行书大家，其行书均需一个楷书背景，如蔡襄、苏轼基于颜，黄庭坚基于柳、《瘗鹤铭》，米芾基于褚。有楷书基础，才能保障每个字均可妥为处理，并保障书体意义的完备。没有楷书基础，犹如为人打工，"工字不出头"，有楷书基础，才可以稳步发展自己的事业。

纵向考察白蕉行书，则早期以欧、虞为体，以《兰亭序》《怀仁集王羲之书圣教序》为用，这也是其一生的基调。白蕉行书的发展，走的是不断丰富的道路，他高瞻远瞩，没有多少犹豫彷徨。庚辰（1940）年作品，尚不能铺毫，点画枯劲而不润泽，字间映带牵强，行气乏善可述；同时也开始试验羼入钟繇的因素，这个羼入，贯穿白蕉一生。壬午（1942）年所书扇面，就已经能够打开笔锋，点画血肉匀停、有肌肤之丽了。此后数年的作品，水平有波动，尚不成熟。甲申（1944）年所书分韵作诗的作品，初步具备了早期固定风格。丁亥（1947）年春所书册页（图七）是其早期重要的作品，试验了行书的各种面貌，白蕉以后的岁月，基本上是把这里面的各种风貌不断完善而已，真不能不佩服他超绝的感悟能力和超强的定力。是年白蕉40周岁，书法基本上是“务追险绝”的阶段。那种结体紧致、富于变化，字间茂密、爽利泼辣的早期标志性风格，已经成熟。《二砚帖》（图八）可视为这一风格的早期代表作。当然，这种风格显然受欧阳询《张翰》《梦奠》《卜商》等帖的模铸，这也是由楷书到行书的最佳路径。需要特别注意的是，这本册页中有几段写得绵劲、虚灵，羲之杂帖的神采，宛然在目，如“开展览会等于乞化”“云间写兰其竹石之类”“聪明人必须有笨相”“十年前国庆闭门写古诗”等片段，隐隐已是其晚年风格，与一二十年后的《兰题杂存》息息相通。有创作经验的人应该知道，这是多么难以做到的事，是多么不可思议！

王浩州先生告诉我，流传1953年白蕉初识姚鹓雏的说法是错误的，白蕉与姚氏信札20通，皆在20世纪40年代。经检，果然有“丁亥”（1947）、“戊子”（1948）、“卅八”

图七—一

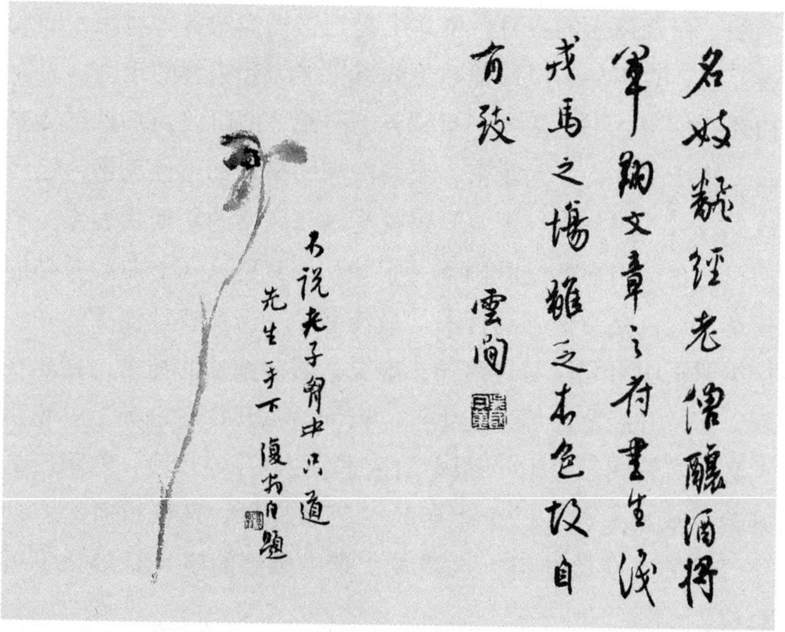

图七—二

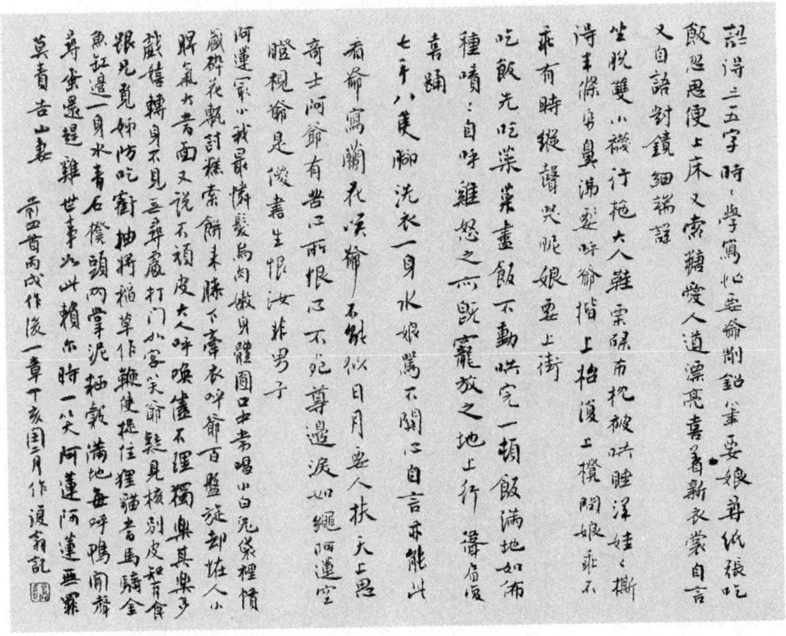

图七—三

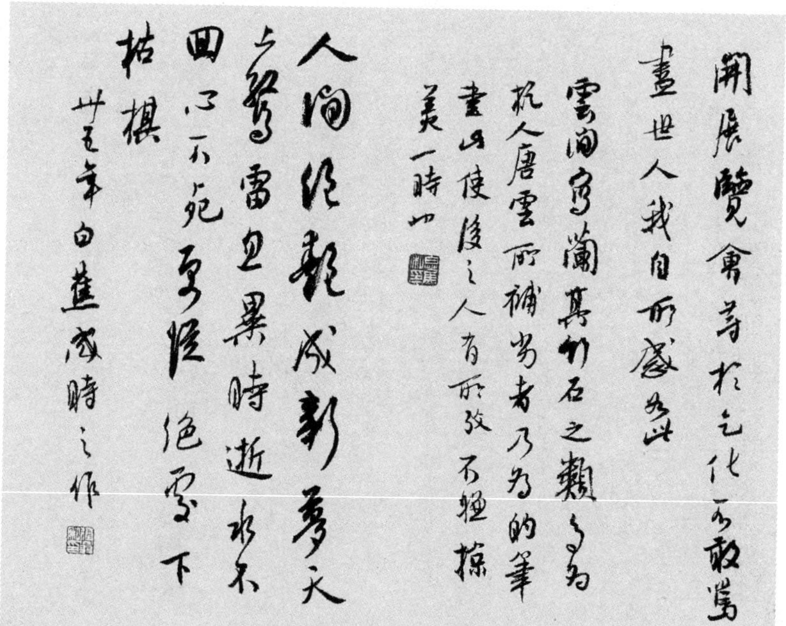

图七—四

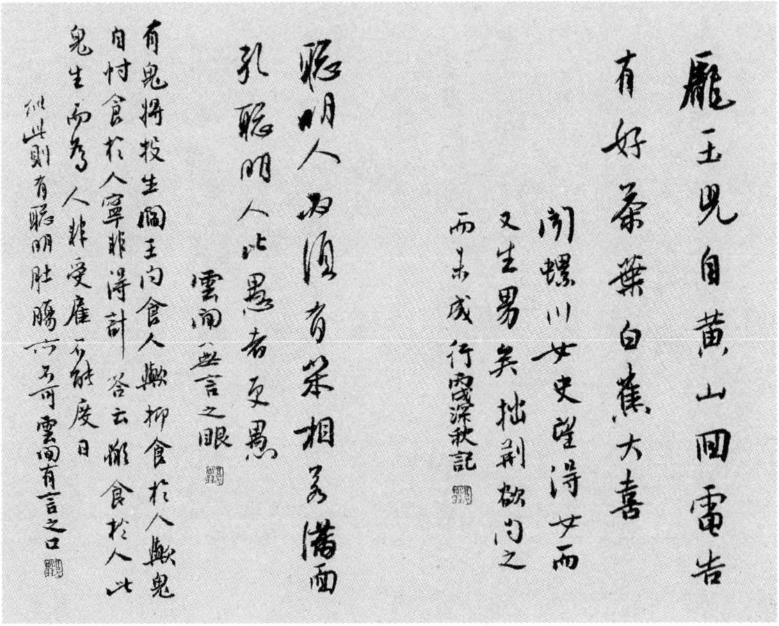

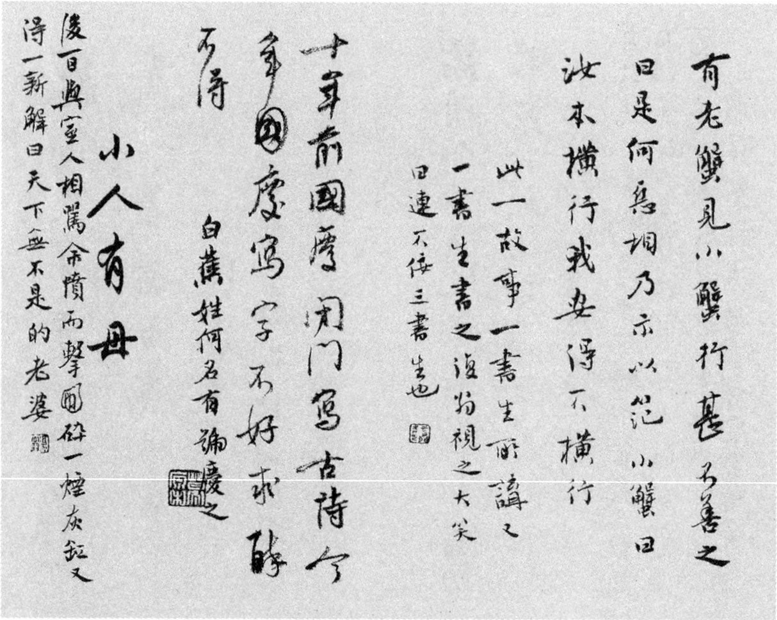

有老蟹見小蟹行甚不善之
曰是何為坰乃示以範小蟹曰
汝本橫行我安得不橫行
此一故事一書生所譏之
一書生書之復將視之大笑
曰違不佞三書生也
十年前國學閉門寫古詩今
年國慶寫字不好求詩
不得
白蕉姓何名有論慶之
小人有毋
後日與室人相罵余憤而擊碎一煙灰缸又
得一新解曰天下無不是的老婆

图七—五

图八

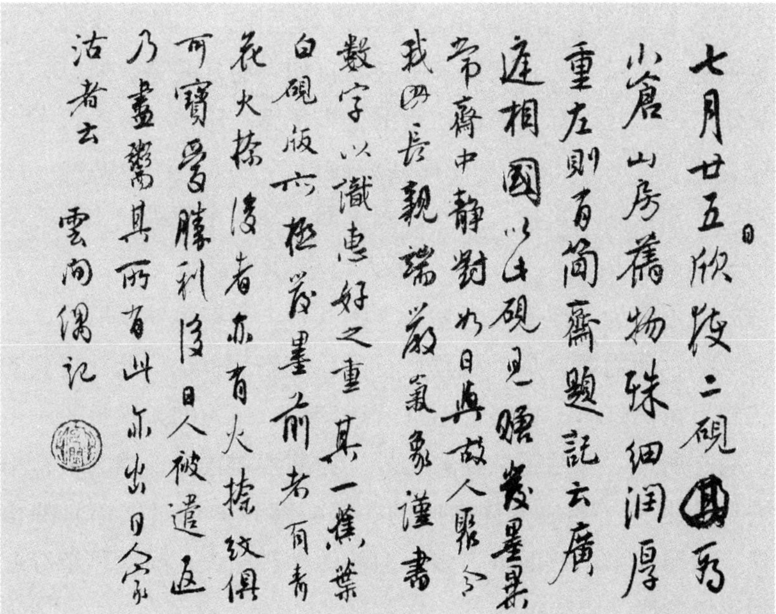
七月廿五欣獲二硯為
小倉山房舊物珠细润厚
重左則有簡齋題記云廣
庭相國以此硯見贈發墨異
常齋中静對如日與故人聚會
我與長親端嚴氣象謹書
數字以識惠好之重其一蕉葉
白硯版六極發墨前者有青
花火捺後者亦有火捺紋俱
可寶爲滕利後日人被遣返
乃盡鬻其所有此亦出日人家
沽者去
雲間偶記

（1949）年款，且姚鹓雏与白蕉父亲也是老友，则白蕉与其通信，想当有更早者。《白蕉墨迹集萃 · 白蕉与姚鹓雏先生信札选》共选19札，约为20世纪40年代后期作品。这些信札是白蕉极经心用意之作，也标志着他小楷与不同风格行书的全面成熟。无论是较清隽一路，还是较宽博一路行书，均已笔笔绵劲，打破了由楷书到行书过渡初期的生硬。这组信札作为一个整体，与丁亥（1947）年春所书册页，可谓早期双璧。

由于白蕉敬重姚氏，所以写得虽好，但因求好之心太过，不及与翁史烱书札更自由烂漫，机趣无限。如果说致姚氏书是翩翩少年风度，致翁氏书则啸歌自如，超凡脱俗。所以，白蕉致翁氏信札，标志着白蕉行书进入了第二阶段。致翁氏书中极秀逸者，如《十月四日夜帖》或可名为《小洋刀帖》（图四），字形削瘦挺拔，点画珠圆玉润，如西子浣纱归来、飞燕轻舞初歇，眉目举止，一一可人；极朴茂者如《四月十一日帖》或可名为《黑墨白米帖》（图九），为退笔残墨所写，不计工拙，而遒媚自足，黄宾虹若见，定当颔首也。此札提到去杭州吊黄宾虹事，黄宾虹逝世于1955年，白蕉的太平日子不多了啊。所以，《兰题杂存》之外，白蕉致翁氏书，当为其行书的巅峰之作。与之伯仲之间的，是白蕉致傅训（式诏）的信札。致傅氏书虽然面世不多，但件件精彩照人。《兰题杂存》为第三阶段，留待后论。

从类型意义上说，白蕉行书有近欧者，如《杂书丁亥绝诗四屏》（图一〇）；有近虞者，如《行书思贤册》（图一一）。其他作品，出入欧虞，不主故常，而总体演变方向为

图九

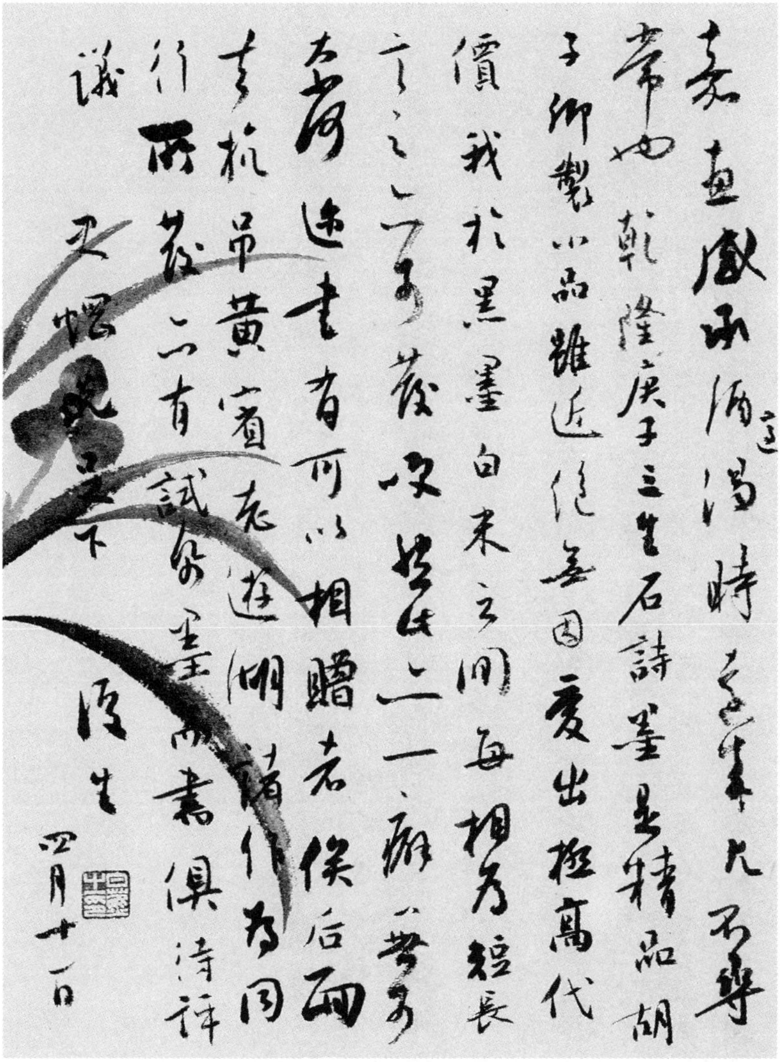

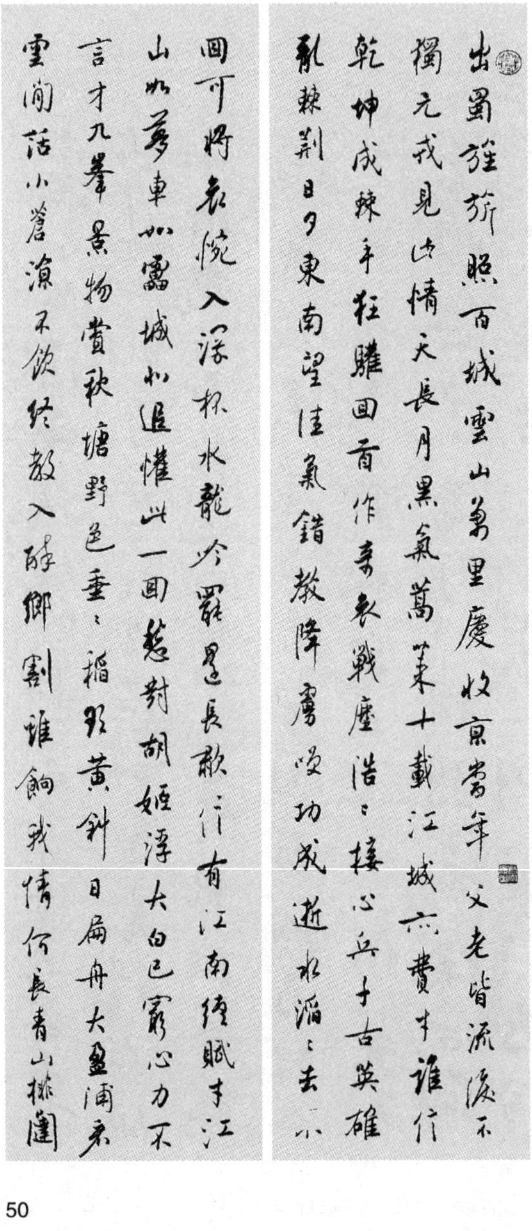

图一〇一

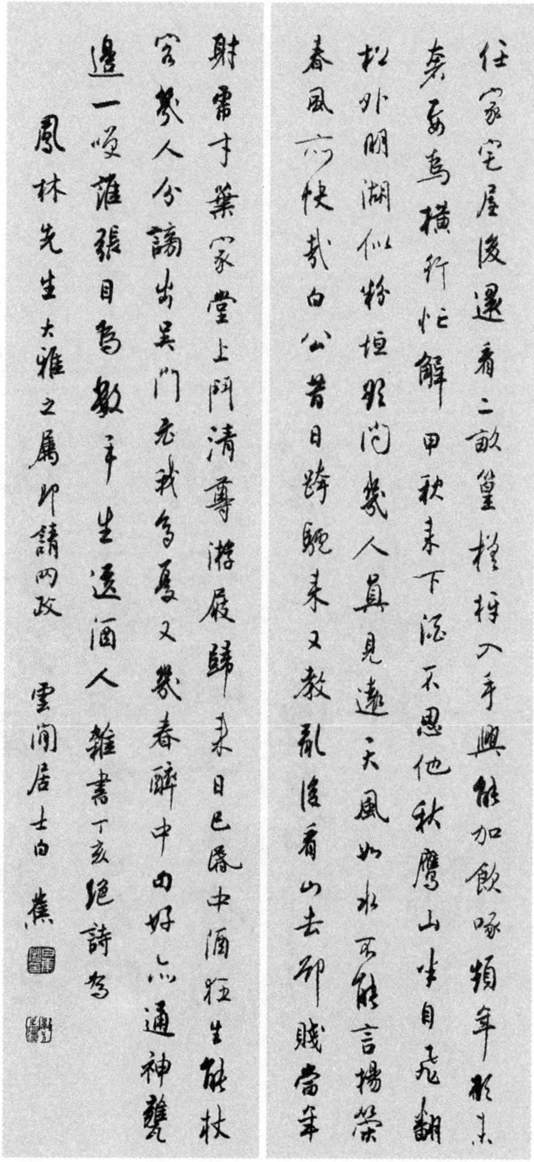

图一〇一二

图一一—一

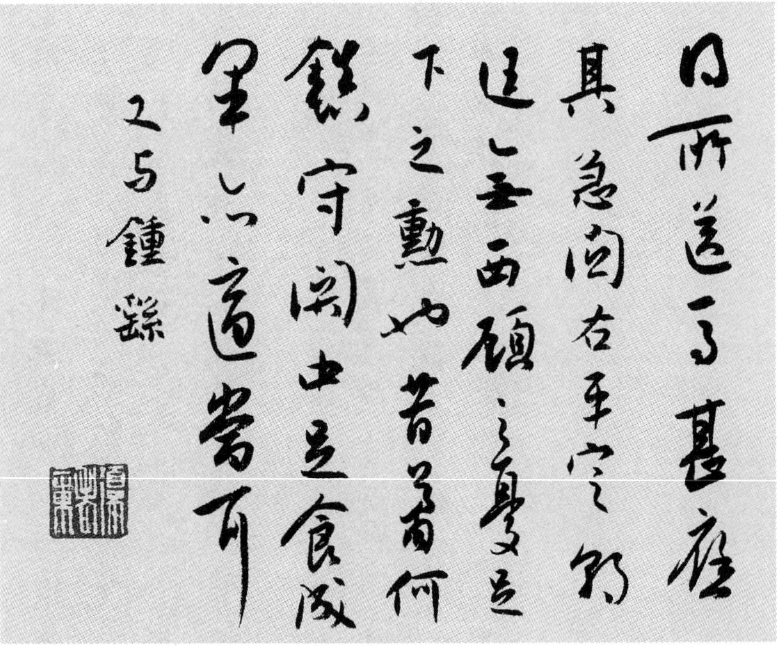

图一一—二

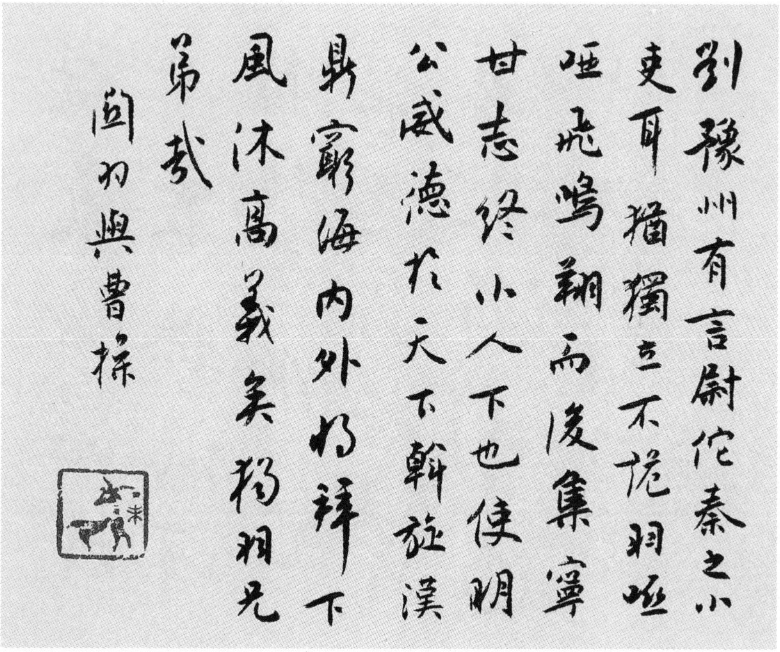

图一一三

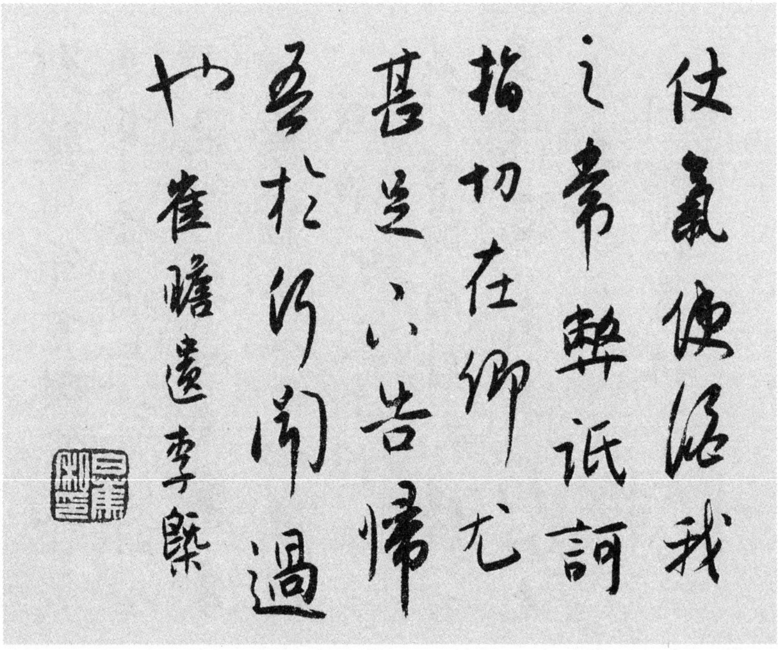

图一一四

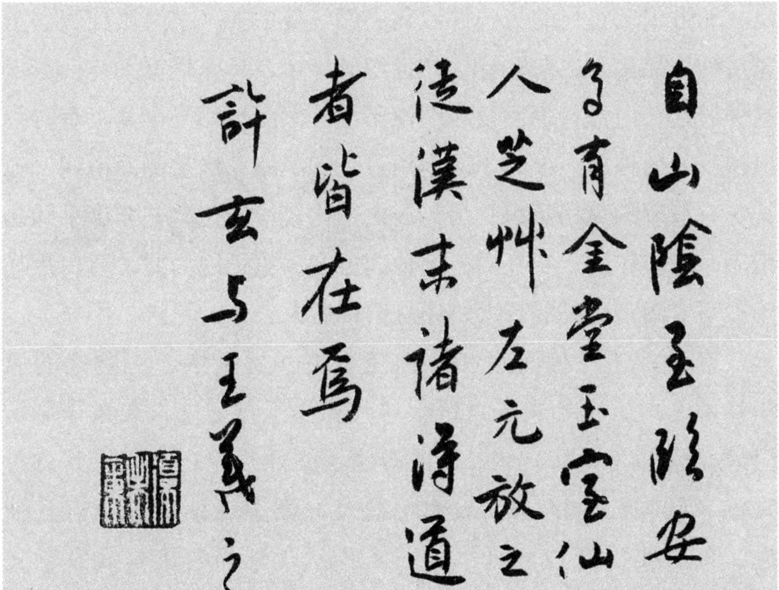

由欧到虞，即越到后期越宽博雍容。另外有种特别鲜明的风格，似乎不大引起人们的注意——红笺信札三例。《致大生老兄》《致宝鸿知兄》（图一二），都言及以母病返里。据何雪聪《我的家庭》一文说，抗战胜利后，白蕉回乡侍亲，至1950年何母去世，则这两封信当写于1945年或1946年。与白蕉习见风格不同，这两封信都写得行笔沉厚，中宫宽博，行与行之间相互穿插。从笔致和气息来看，应为“王献之—颜真卿—杨凝式”的路子，沉酣处，与“真卿三稿”、《卢鸿草堂十志图跋》仿佛。有意思的是，20世纪60年代的另一件致翁史烱红笺手札（《海派代表书法家系列作品集·白蕉》标为20世纪60年代，具体根据不详）也是这种风格。白蕉行书面目跳跃性不大，然而也相当丰富，有时会出现反顾的现象，即时不时运用过去的风格，这从侧面说明，他其实有清醒的风格意识。另外，白蕉比较情绪化，并非出手即是精品，有些作品，实在对不起他的盛名。也正因为此，对白蕉晚年抄写毛泽东诗词的行书，还是留待后人去分析吧。

当然，不论何种风格，白蕉行书一例皈依于王羲之的风华神韵之中。正如夫子自道：“我初学王羲之书，久久徘徊于门外，后得《丧乱》《二谢》等唐摹本照片习之，稍得其意，又选《阁帖》上的王字放大至盈尺，朝夕观摹，遂能得其神趣。”其实，在白蕉行书中一一指示学王的痕迹是没有意义的。自古书家无不学王，但龙生九子都不是龙，要在得其神趣而自出机杼。就得其神趣而言，傅山正好比白蕉大三百岁，傅山以来的帖学家，谁与抗衡？另外，有人认为白蕉受日本书法的影响，白蕉致包六科札（图一三）曾说：“日人藤原书气息

图一二一

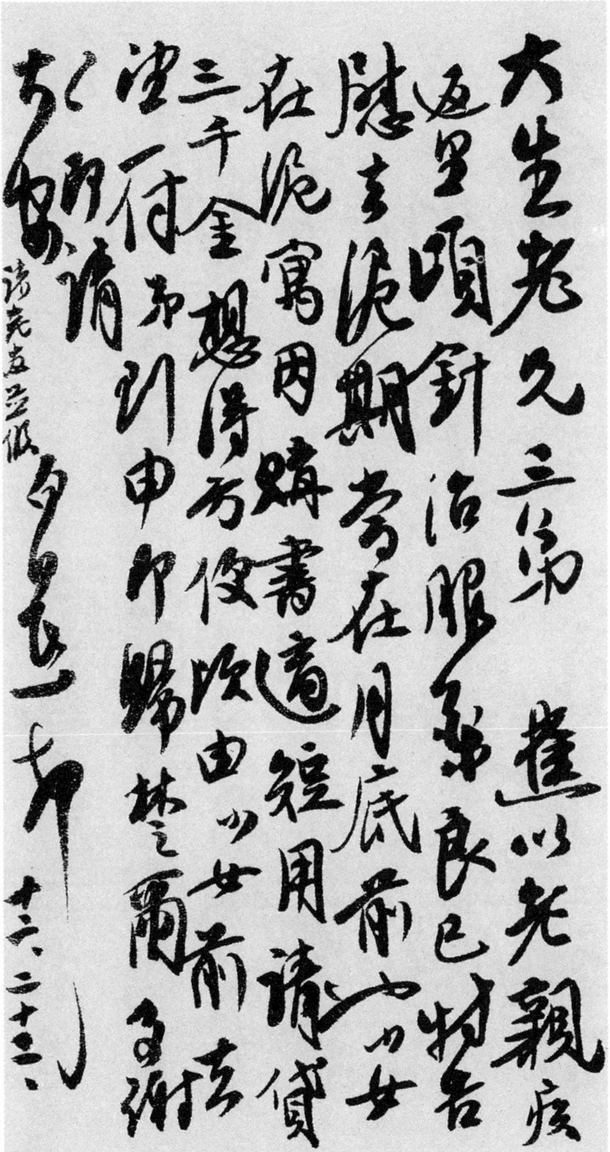

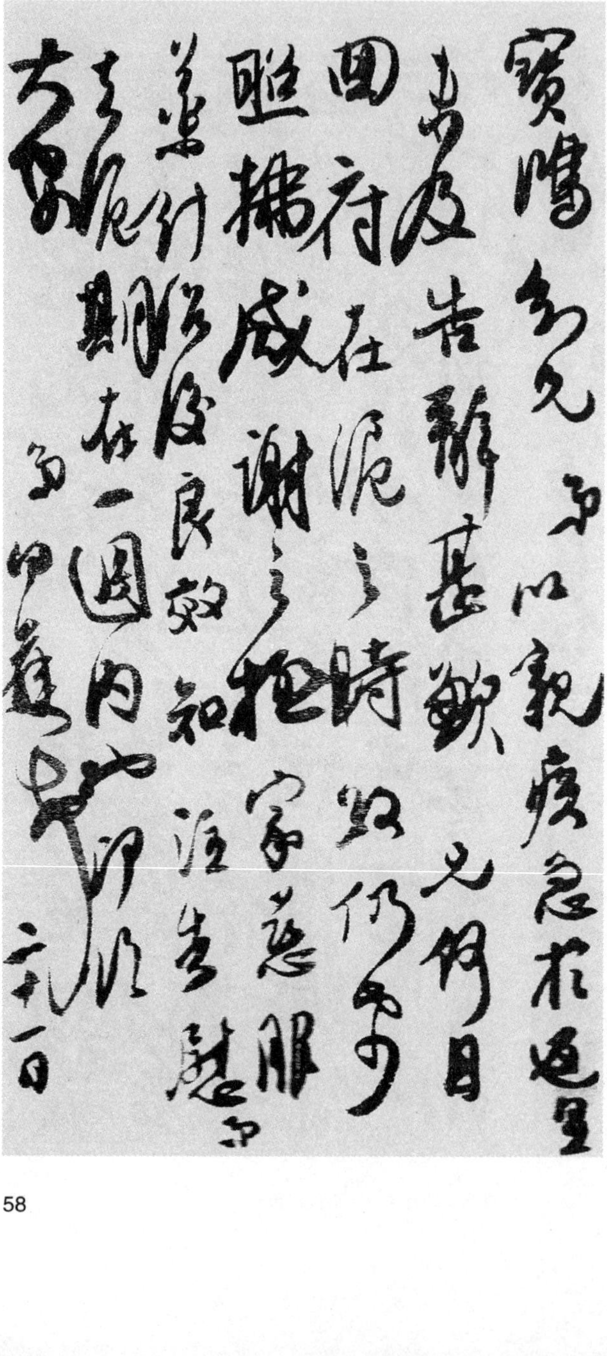

图一二—二

图一三—一

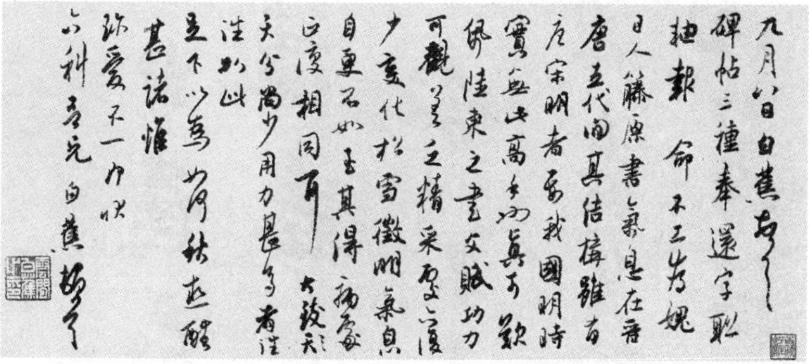

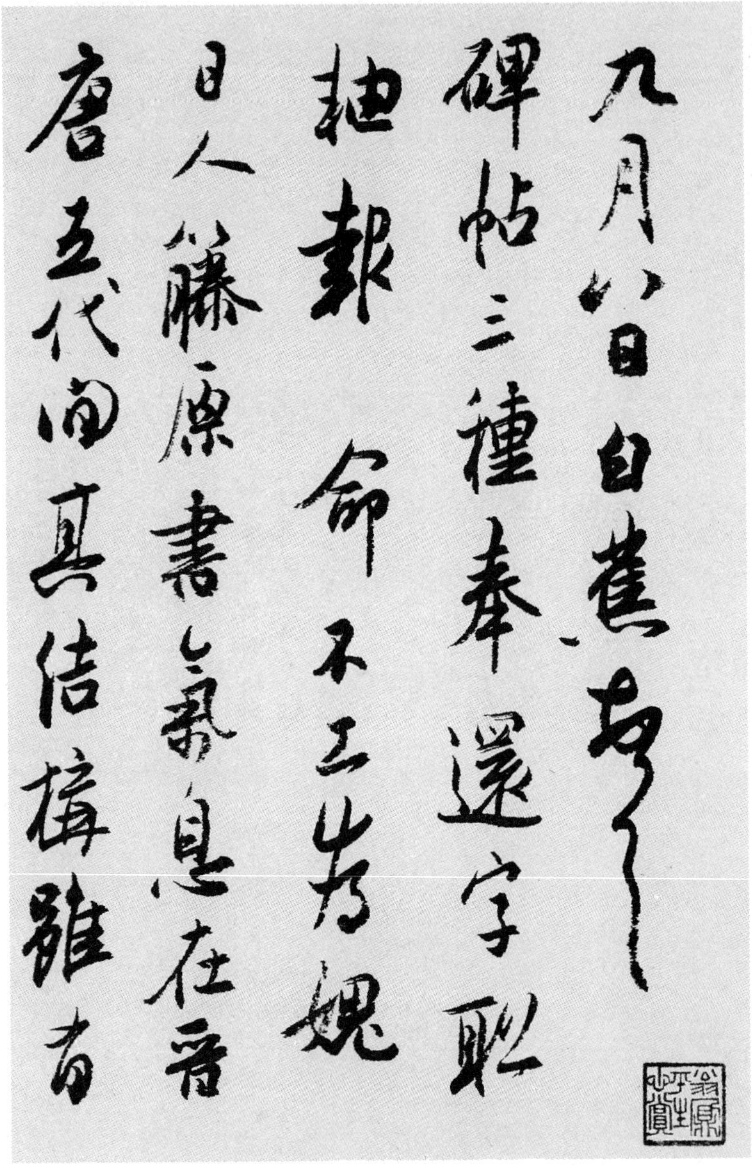

图一三—二

图一三—三

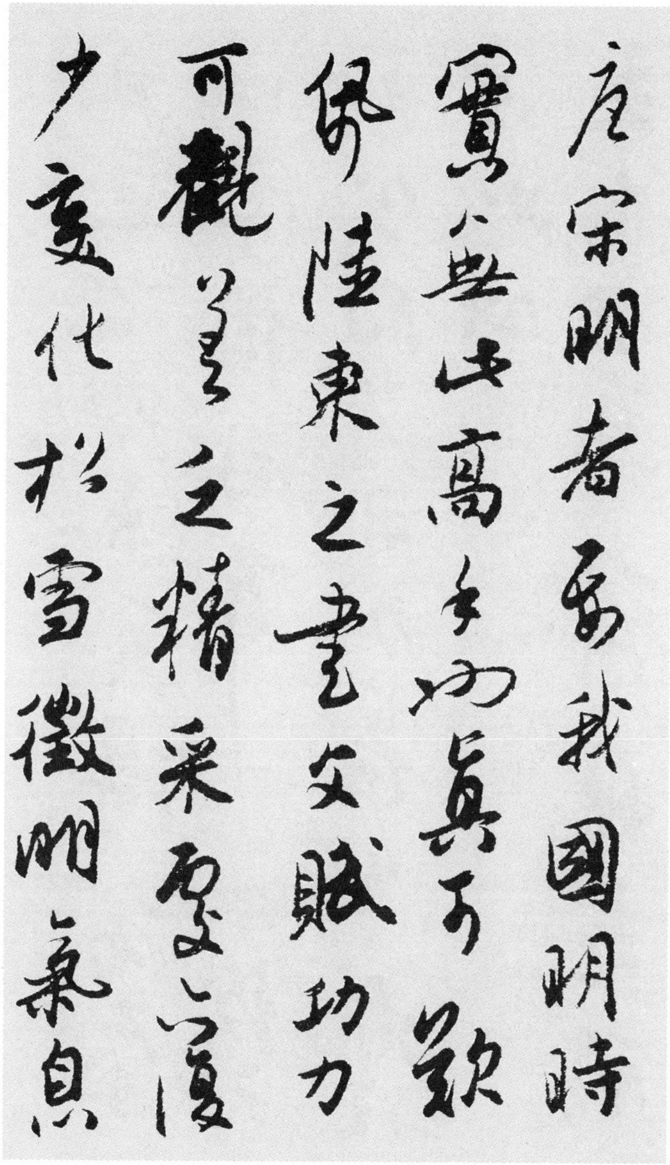

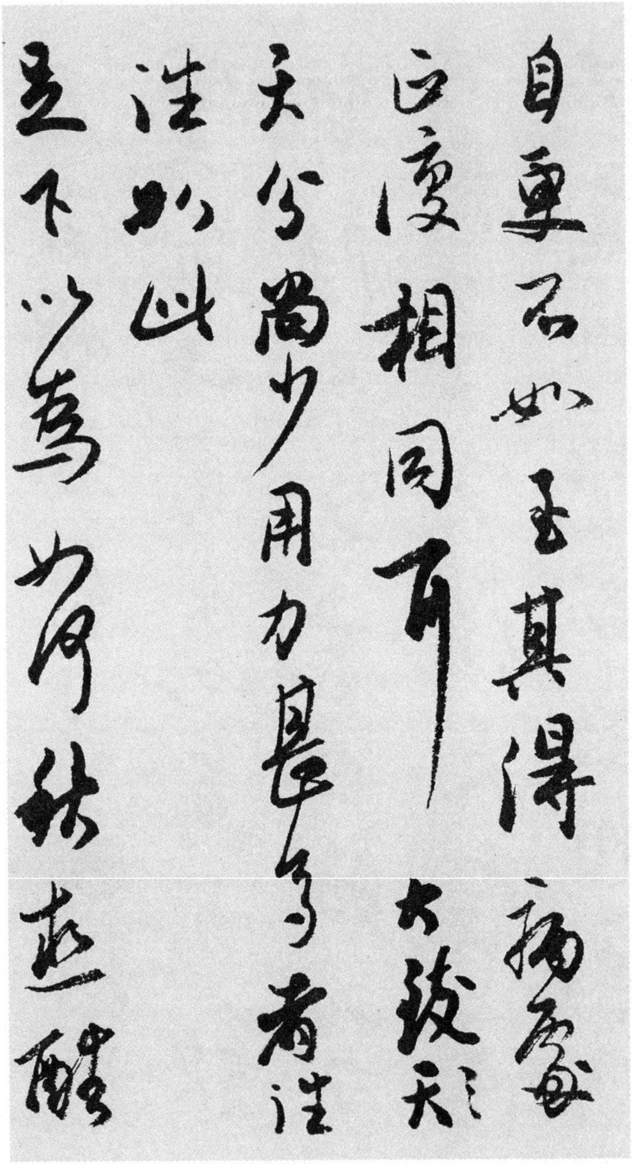

图一三—四

图一三—五

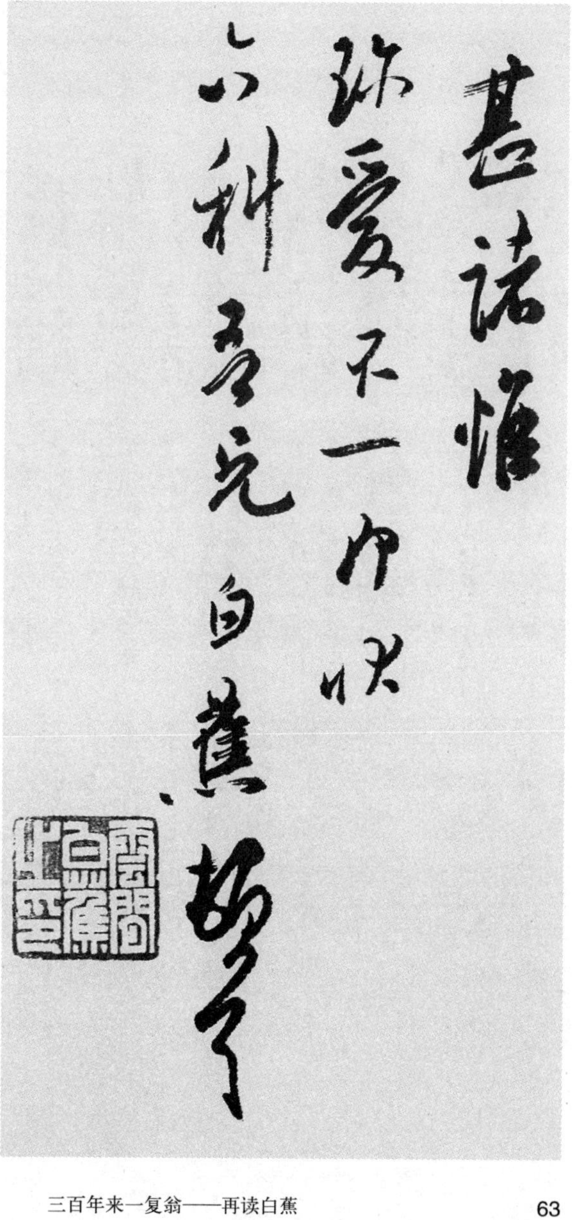

图一四

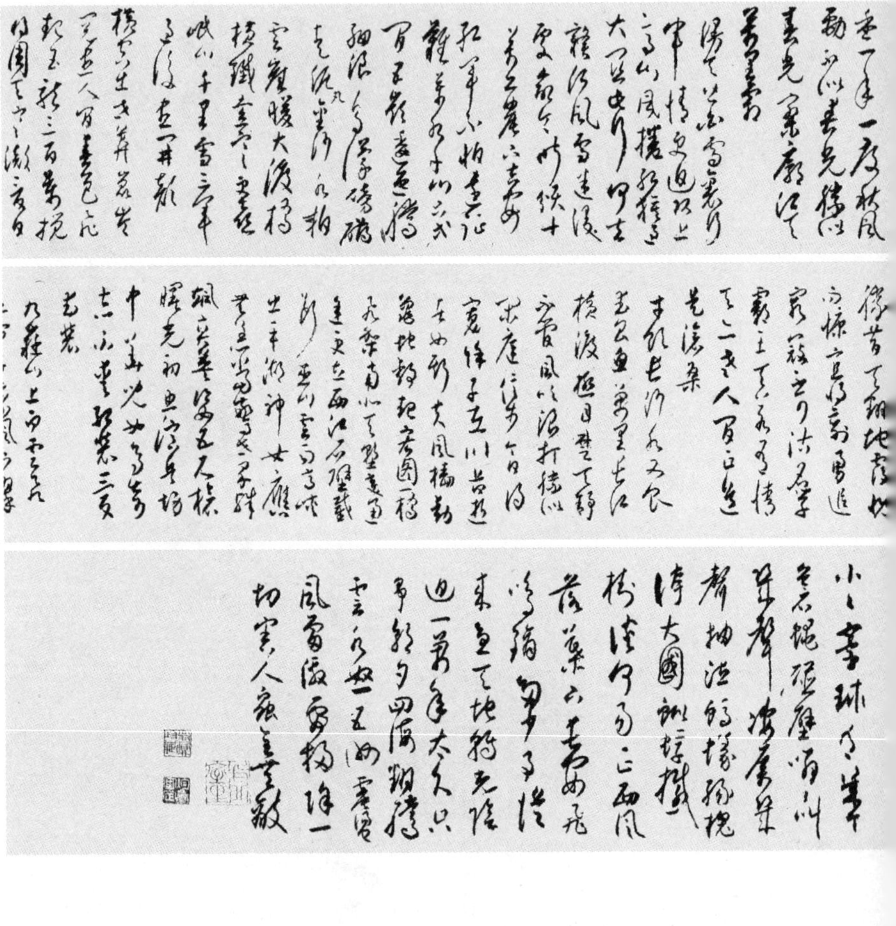

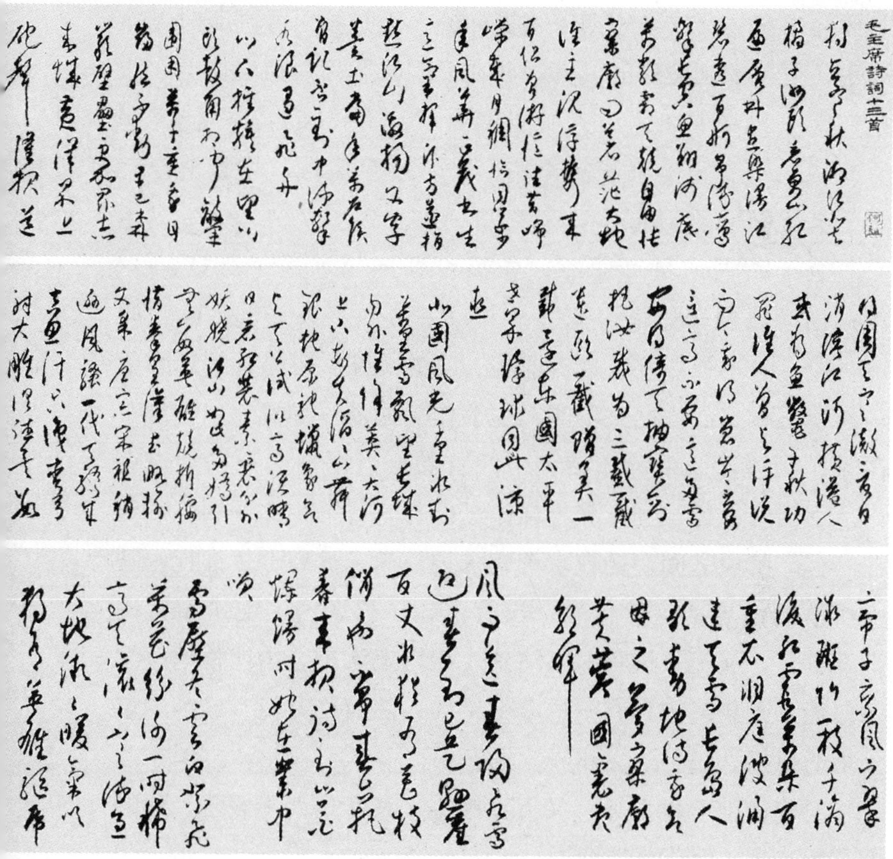
毛主席詩詞十三首

在晋唐五代间，其结构虽有唐宋明者，要我国明时实无此高手也。真可叹佩！”藤原，当指日本“三迹”中的藤原佐理或藤原行成，他们所处的年代，也正是五代北宋时期。白蕉没有把藤原之书与杨凝式及宋四家相提并论，而是指出我国明时无此高手，可见他把藤原的成就，放在了明代。而白蕉自己的取法指向，“风猷非唐以后人所能仿佛”，不师宋四家，何况藤原？说白蕉受日本书法的影响，恐怕不足取信，尽管他曾有“吾道其东”的感慨。

至于草书，是个遗憾。作品可证，至迟壬午（1941）年，白蕉已经开始学习草书，其草书或属兴来一试，颇为凋疏，但点画不失法度，也有遥接二王的况味。可惜，等到晚年多作草书时，心境已大不同，居多作品显得焦躁褊急，再没有优雅、洒脱。《毛泽东诗词十四首卷》（图一四）当为代表作，字法奇、行气畅，允为佳作，但与其行书相比，约略还处在一、二阶段之间，还在求奇、求趣，尚未达到一片神行、随心所欲的境界。这件作品，没有落款，自题为“毛主席诗词十三首”，属笔下误吗？不清楚。记得上海市金山博物馆所编《白蕉书画集》中，有一幅草书绝佳，然而终究没有成为固定下来的风格。

时代使他心境大坏，又天不假年，其实是人不假年，他的人生和艺术，就草草结束了。

伟大的《兰题杂存》

无疑，《兰题杂存》（图一五）是一件伟大的作品，它像一支红烛，照亮了近世帖学。沙孟海说："白蕉先生兰题杂稿长卷，行草相间，寝馈山阴，深见功夫。造次颠沛，驰不失范。三百年来能为此者，寥寥数人。"寥寥数人，都是哪位，沙孟海没说；"数人"能为，"为"了没有，沙孟海也没有说。而历史事实是，自王铎、傅山以后，虽然碑学显而帖学微，而帖派书家亦自不少，但由于历史原因，造就不世杰作，产生像王羲之——《兰亭序》、颜真卿——《祭侄稿》、杨凝式——《韭花帖》、苏轼——《寒食帖》这种人与书的对应关系，一件作品说尽作者风流的作品，恐怕仅此一件而已。它境界高、技术难、篇幅大、字数多，是一定时段内一种书法发展方向的登峰造极之作，有不可替代的书史文献价值，有历久弥新、令人玩味不尽的艺术魅力，符合了伟大作品的一切条件。

我想，并非出于偏嗜，我认为这件作品倾注白蕉一生才情，当以国宝重器视之。正如最杰出的作品总是留下些许神秘一样，这件作品没有记年。刘兆彬先生考为1963年，即"右派"摘帽时期，颇有见地。其时，白蕉作品内容已以毛泽东诗词为主，书体渐以草书为主。经过划为"右派"的种种凌辱，心情已难得轻松，士气已消磨殆尽。转眼之间，"文革"浩劫即至，白蕉身受凌辱迫害，以至于死。天可怜见，不知什么机

图一五

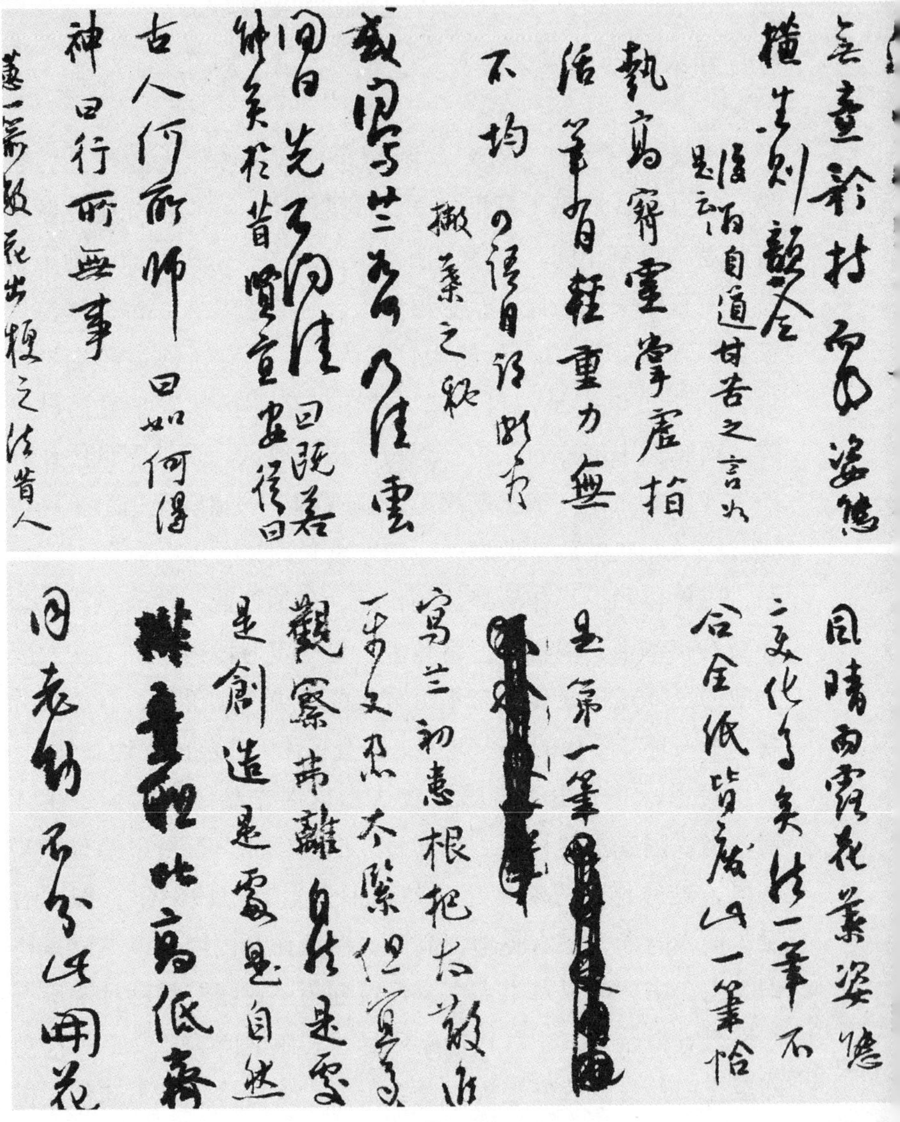

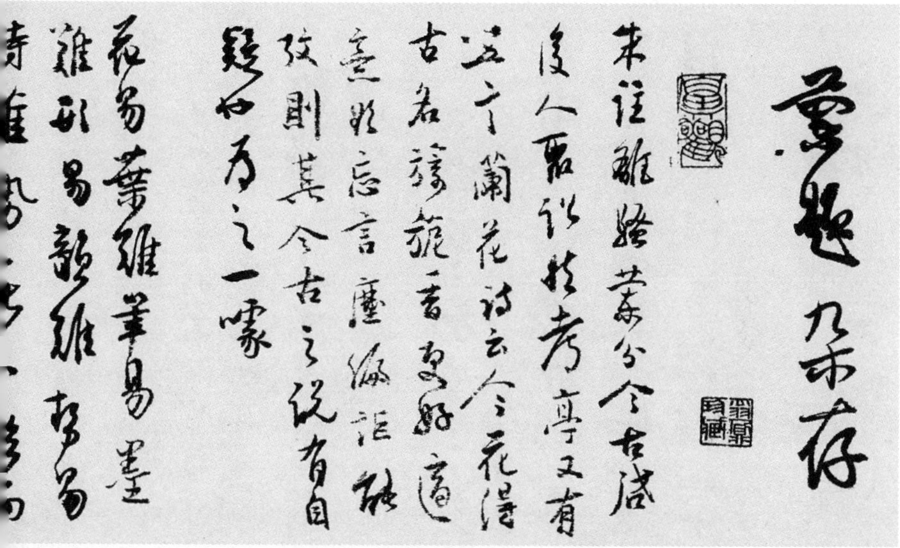

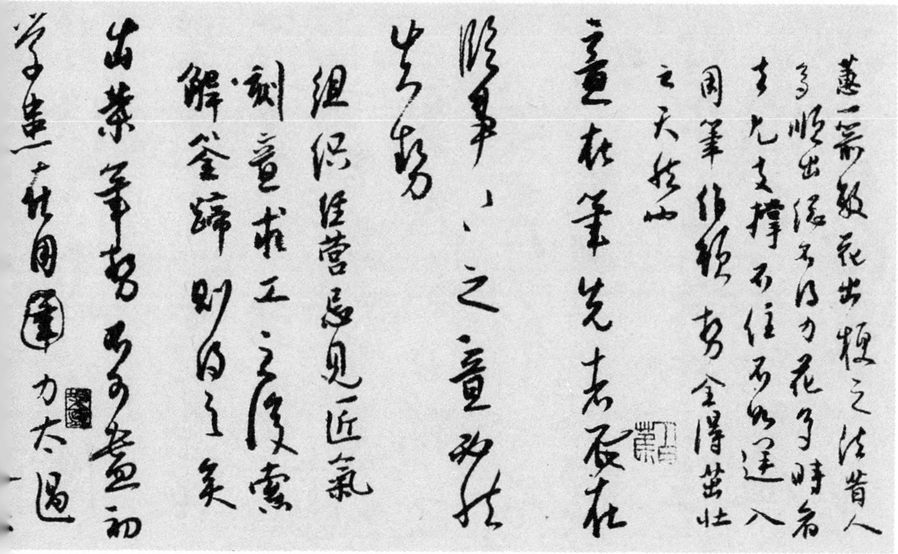

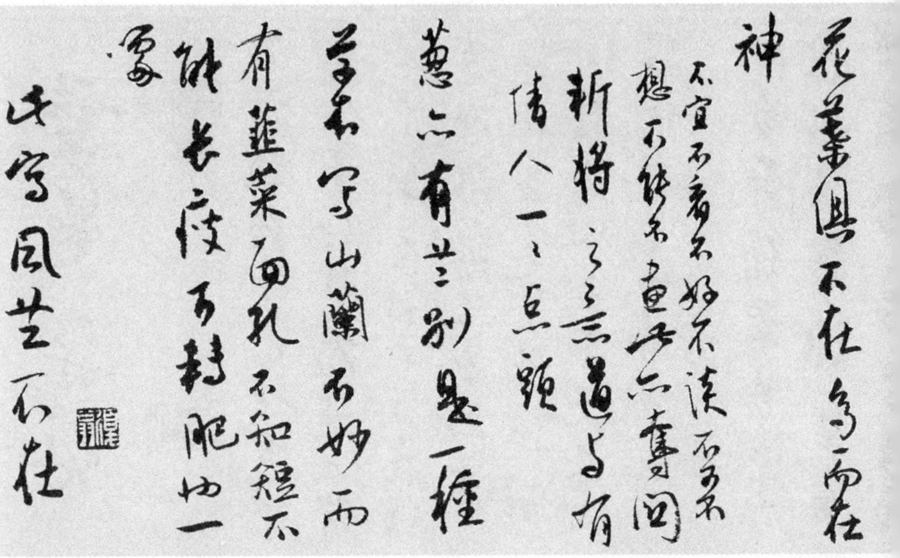

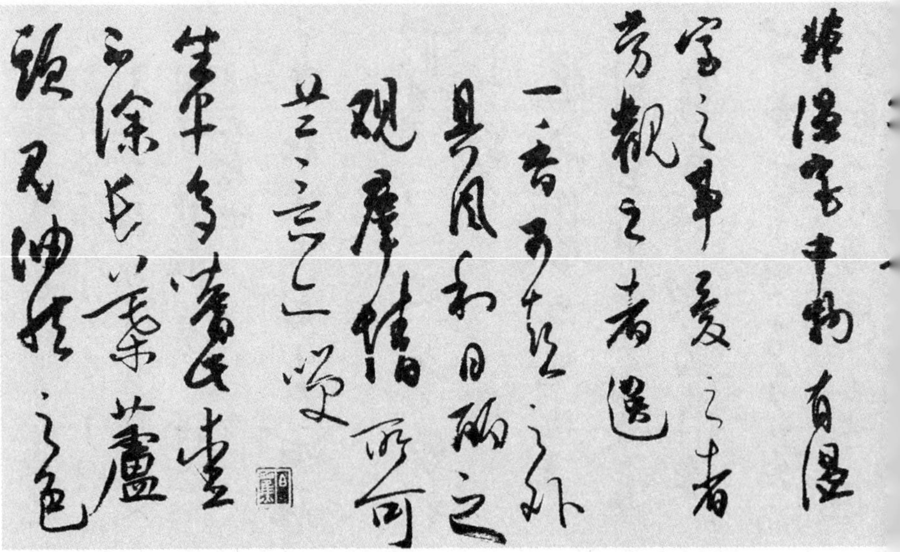

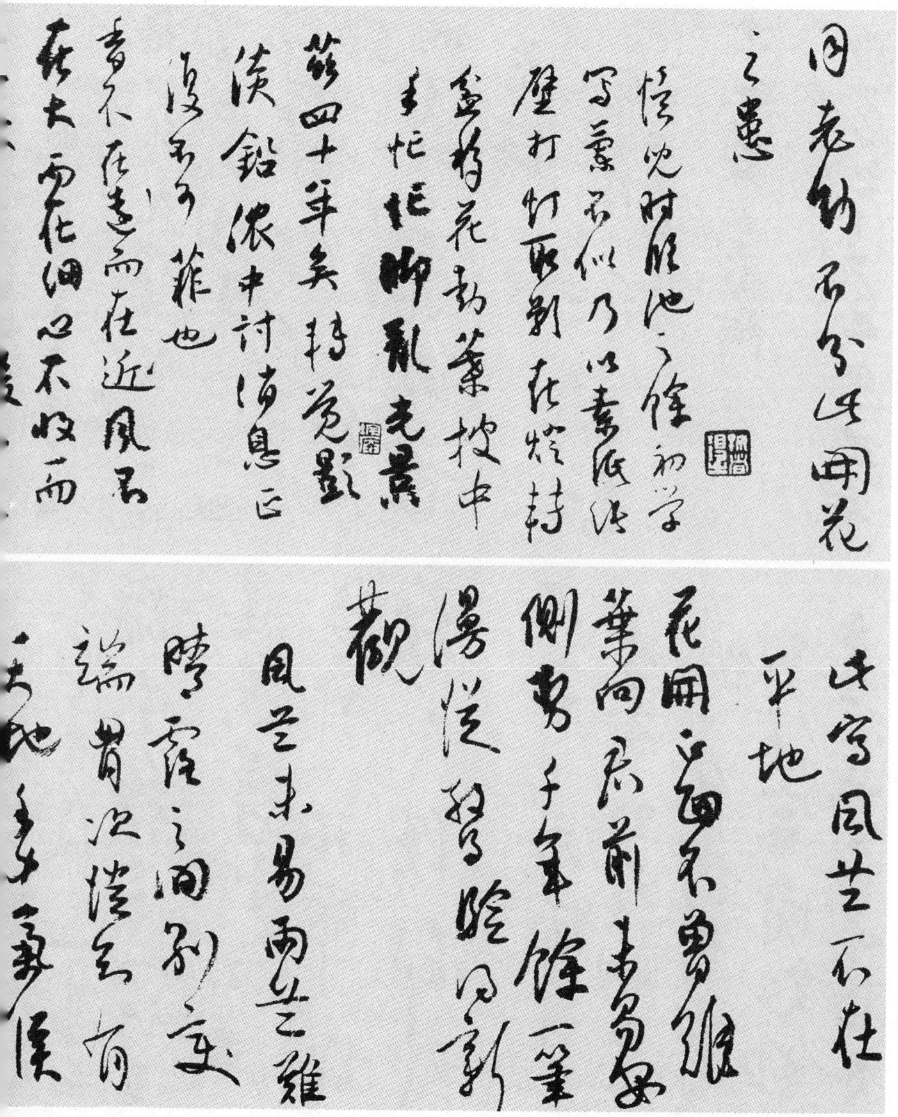

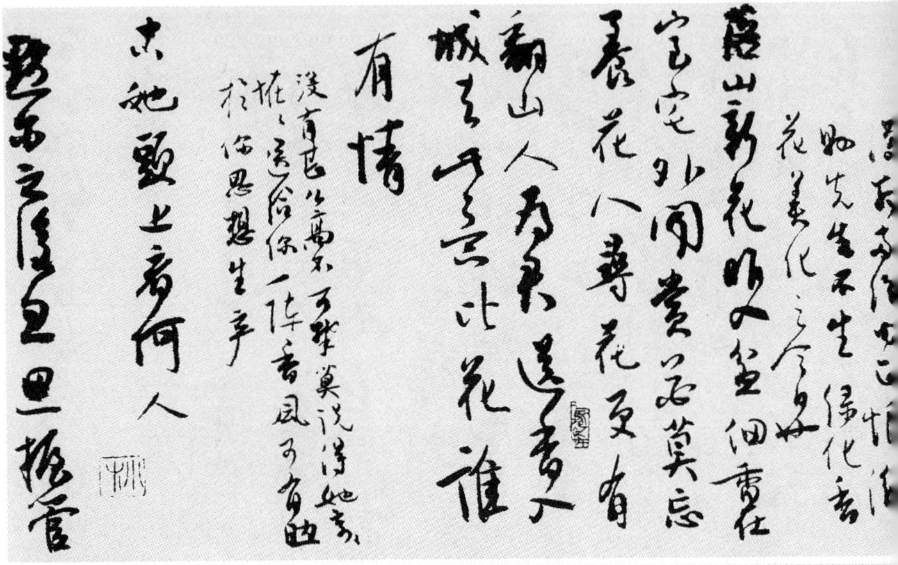

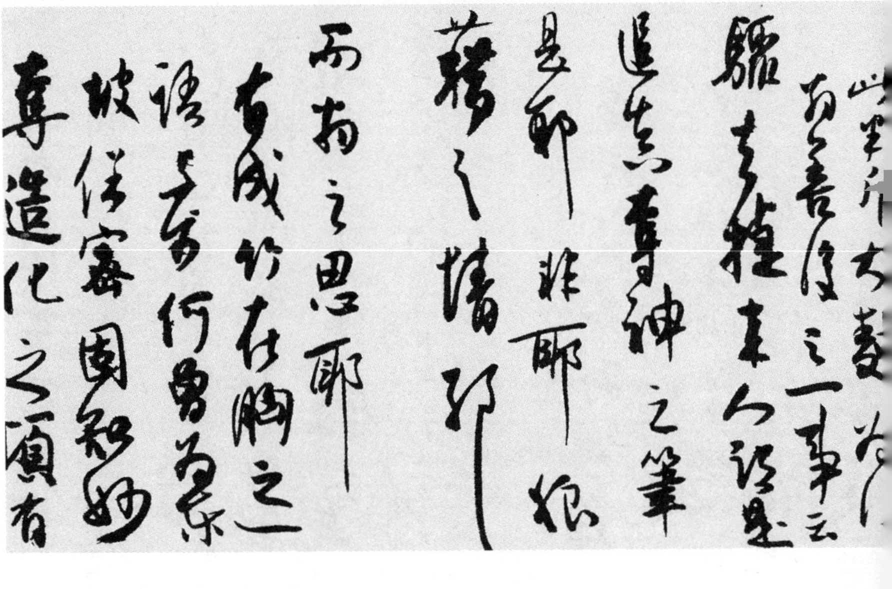

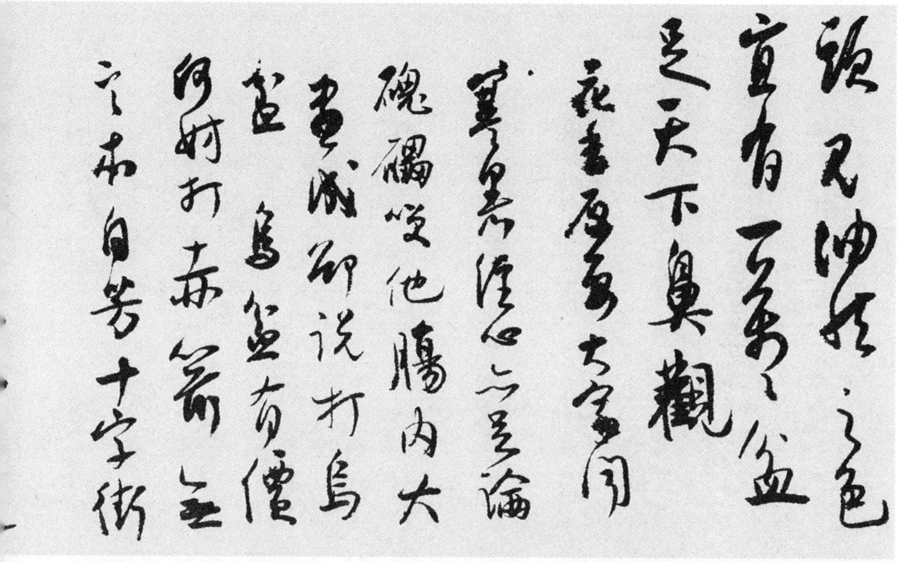

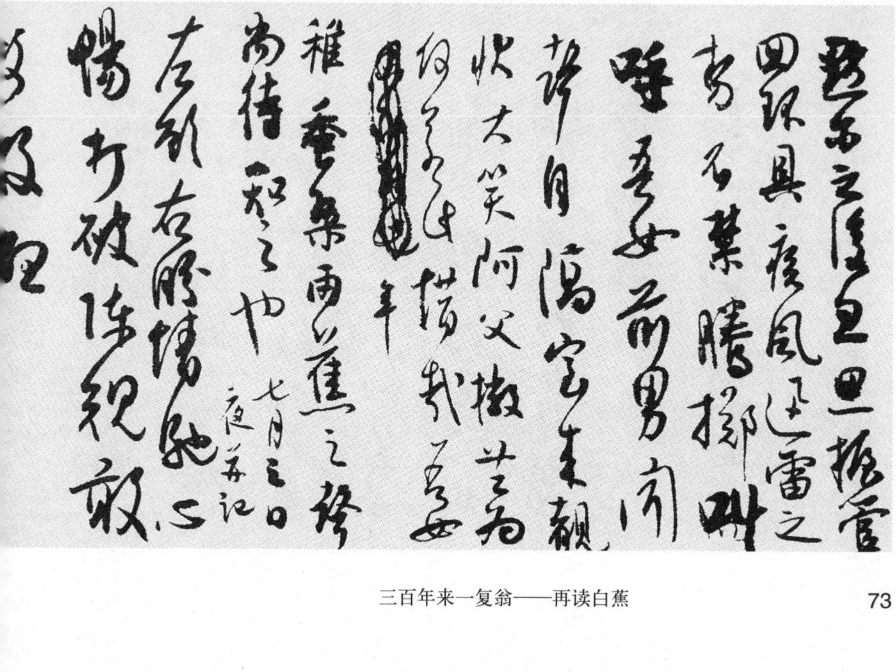

恰似樓頭見我來
此風翻雨打之局上
下中边無一筆非兰又
無一筆是蘭滔滔者
天下解人也
神与意會筆共
風生抖擻四十年
況便下一代踪
飄風忽暮鄭
當有一人者為二

道長
出得好春來閒
好花不許為枕
而時好開門好花矣
又是雨不能之來
無眠枕倚為人共
同好香何有芳
板橋

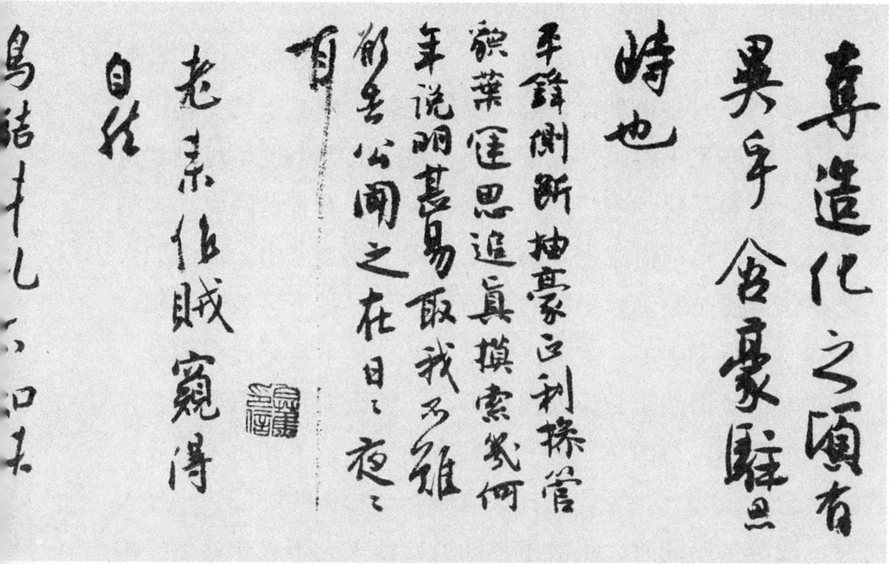

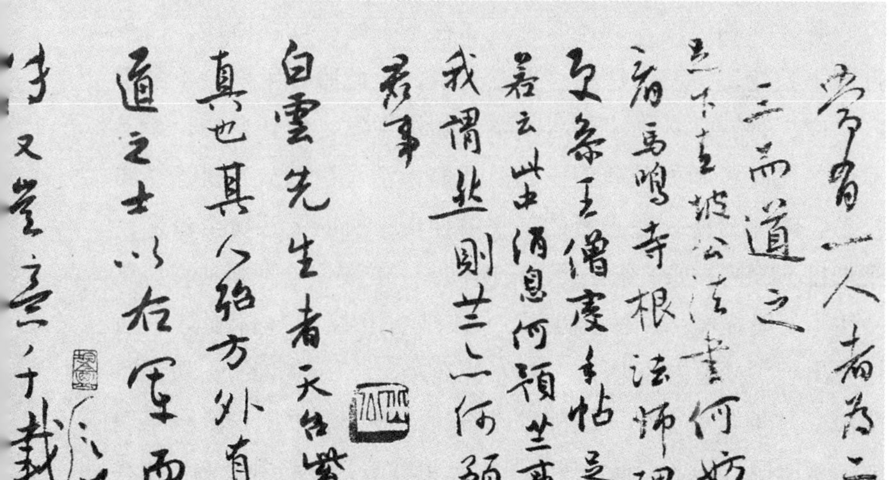

缘，使他在这样的缝隙中，如蚌吐珠，诞育宁馨。不然，近世帖学的海拔，就会低下一峰。

《兰题杂存》之所以杰出，一在乎语隽。题兰之语，看似随意，实则平时心得默记于心，反复推敲，精益求精。其中不少段落，或亦见于题画、见于著述、见于其他书迹，可见其用心深微，断非浮泛。白蕉的诗文语言风格，有雅谐两变。雅则似六朝人语，语简而意密；谐则寓妙理于嬉笑之中。简语如："艺事含蓄便是凝练，不独写兰为然。""足下喜坡公法书，何妨看《马鸣寺碑》，更参王僧虔手帖。足下若云此中消息，预兰何事？我谓然则兰亦何预君事。"谐语如："葱亦有兰，别是一种草本。写山兰不妙，而有韭菜面孔，不知短不能长，瘦可转肥。一噱。"至若"打灯取影""腾掷叫呼""半斤大曲"，恨潍县不同时，报散木亦知道，读来无不兴味盎然，沁人心脾，六朝风度，顿还旧观。二在乎书妙。如前所述，白蕉行草书数变，得法、得趣、得意之余，至此脱尽窠臼，不囿于欧、虞、钟、王；结字删尽整栗，随机生发，使转自如，无笔不活。尤其短画如草萌芽、如兰吐瓣，活泼泼绽放生机。洋洋长卷，略无矜持，随心所欲，脱巾独步，所以灵感纷至沓来，令人目不暇接。如"朱注"一段明彻、"花易"一段畅达、"蕙一箭"一段虚灵、"写兰初患"一段枯润相生、"何若此"一段熔金出冶、"骤去捷来"一段酒气沸沸、"平锋侧断"一段浑厚华滋、"神与意会"一段酣醉无聊、"坡公法书"一段奇峭瑰丽，诚所谓"玩之不觉为倦，览之莫识其端"，心慕手追，油然拜倒！（图一六）古来法书，以一帖一卷，如此美不胜收者，有

图一六—一

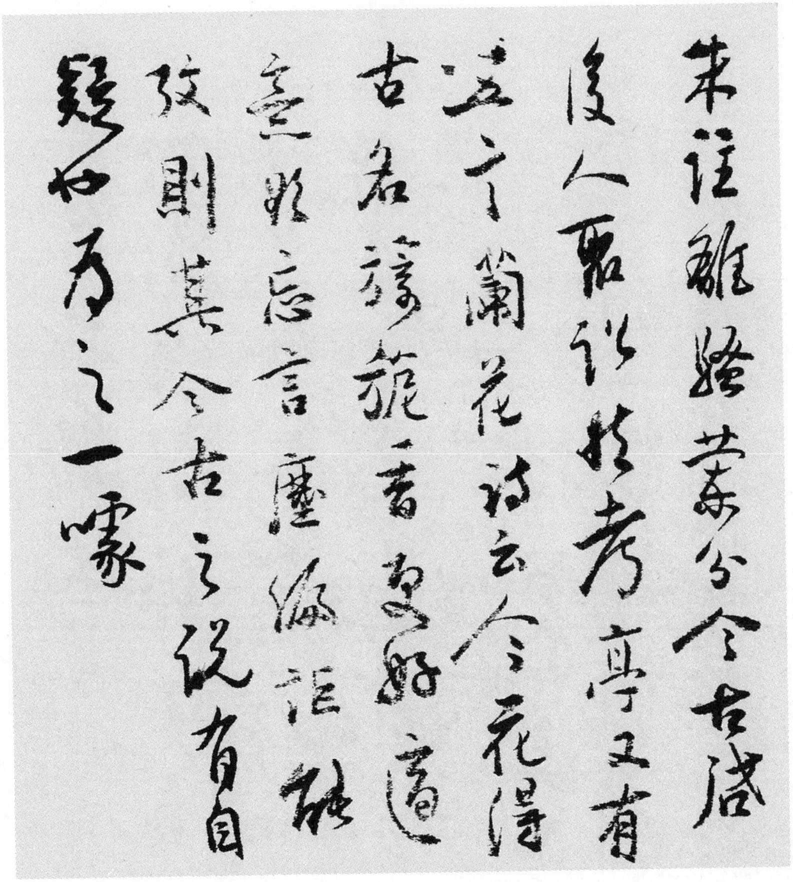

图一六—二

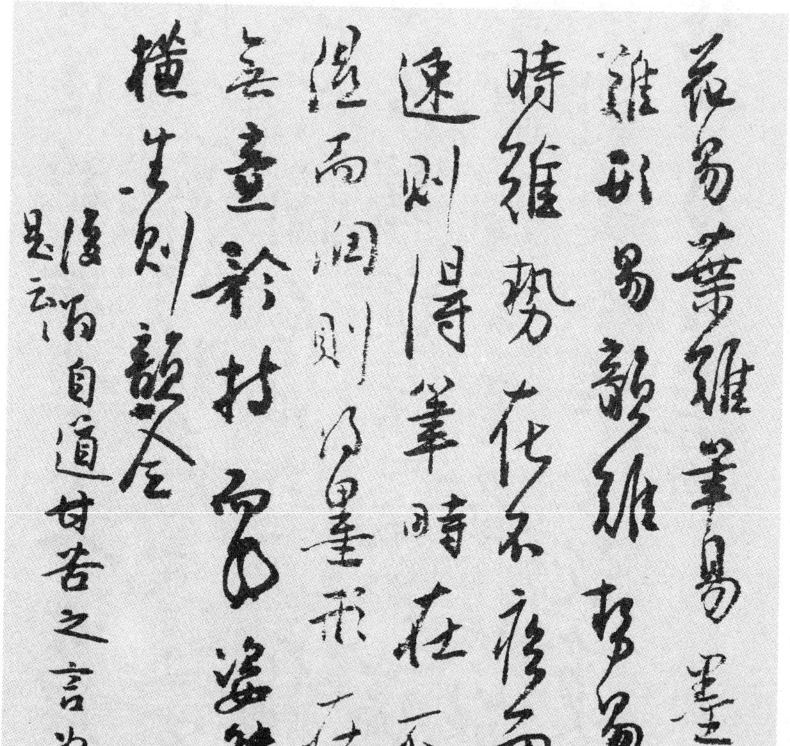

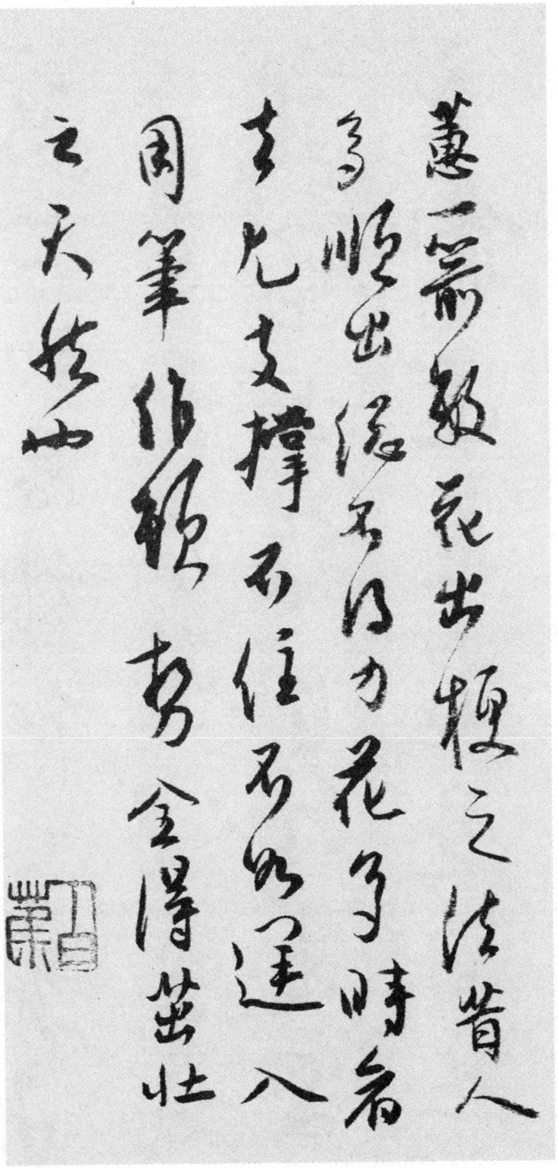

图一六—三

图一六—四

图一六—五

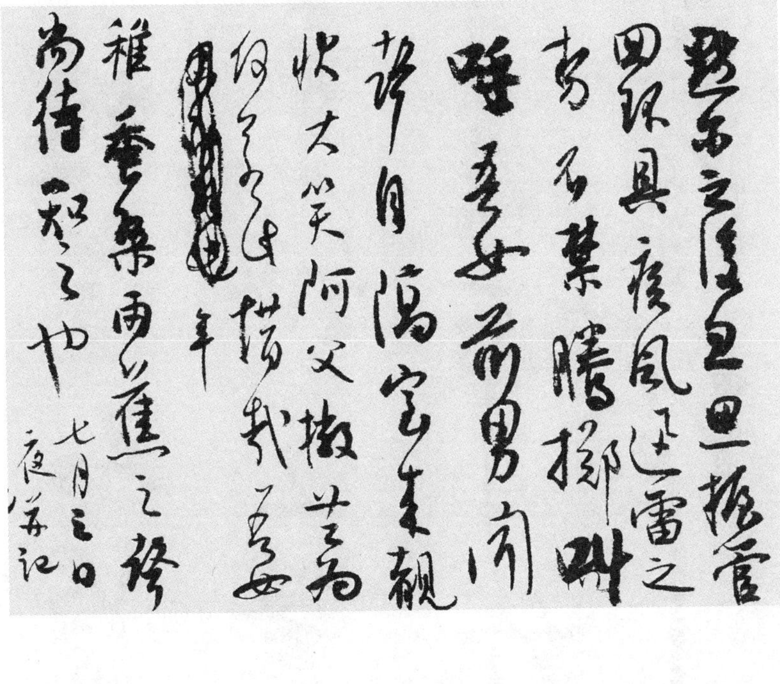

图一六—六

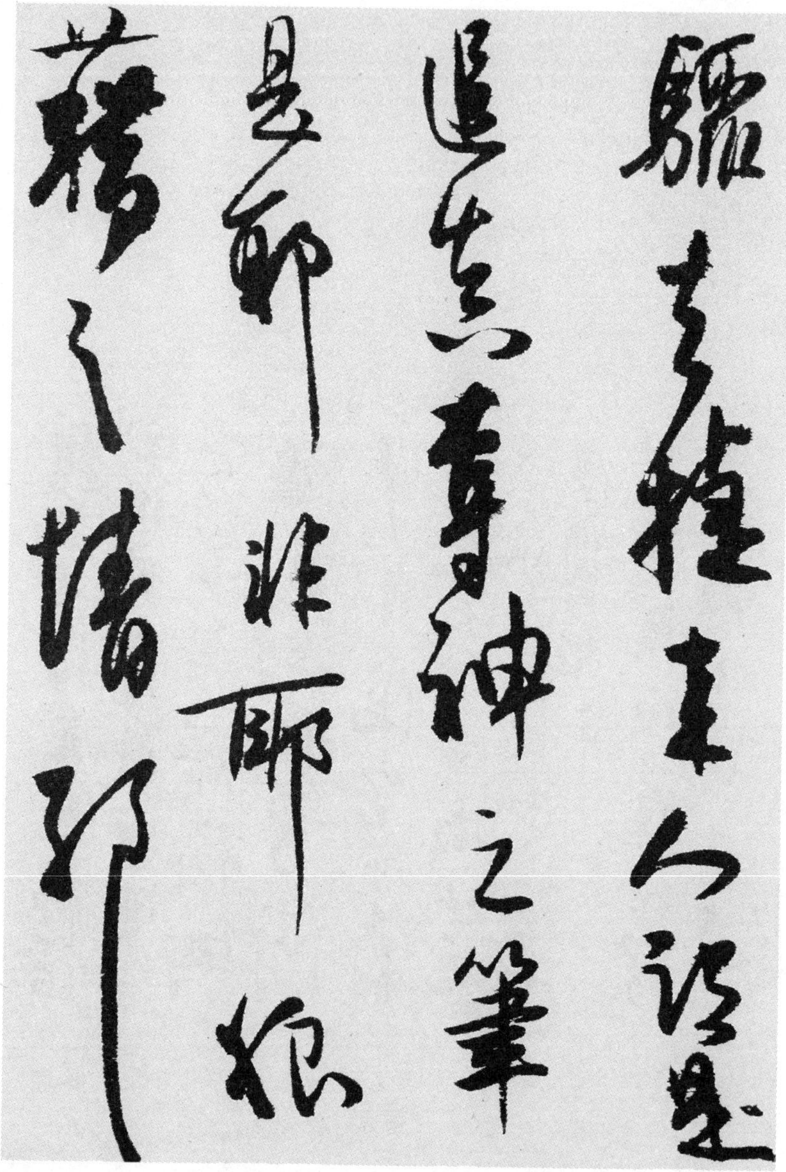

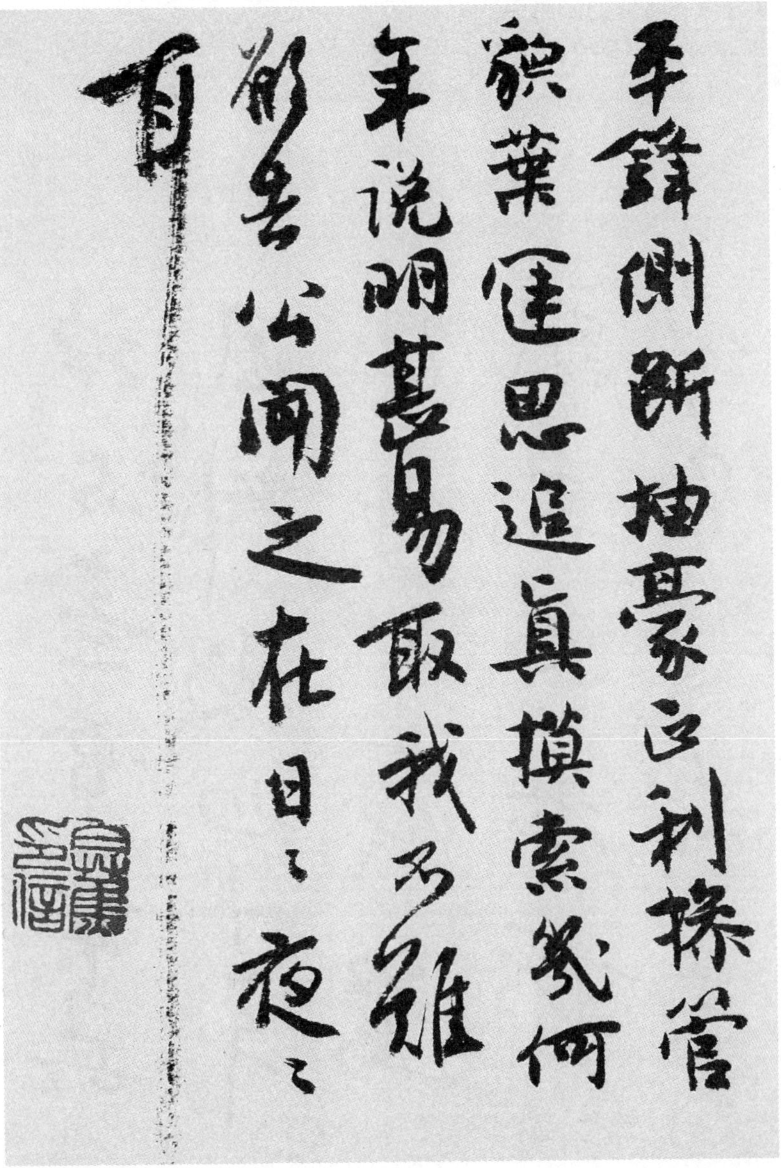

图一六—七

图一六—八

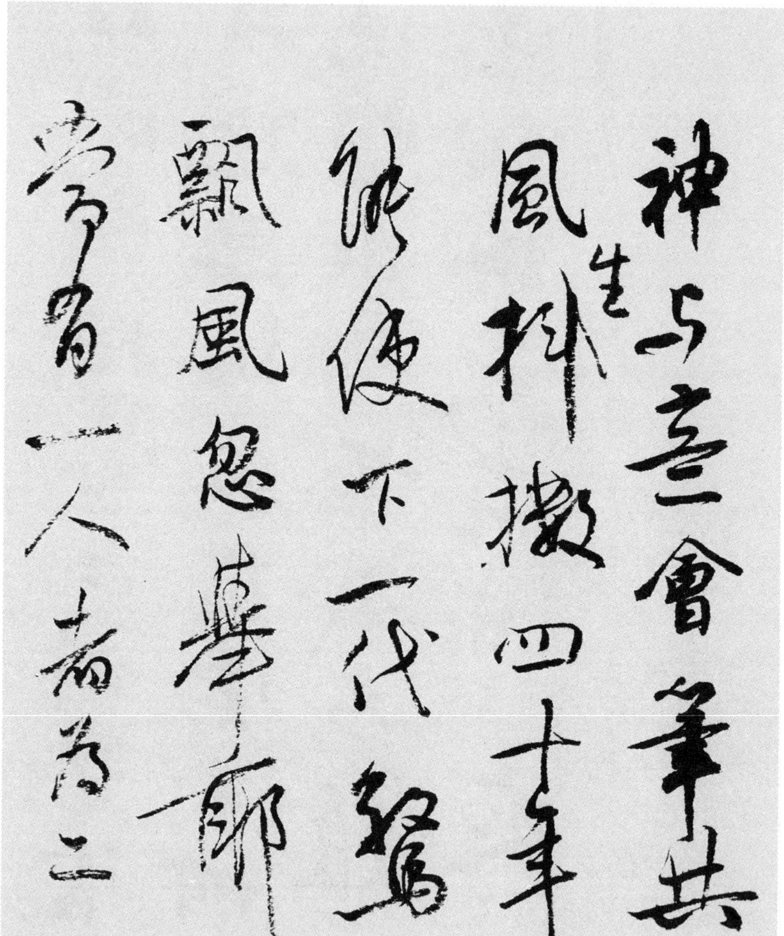

图一六—九

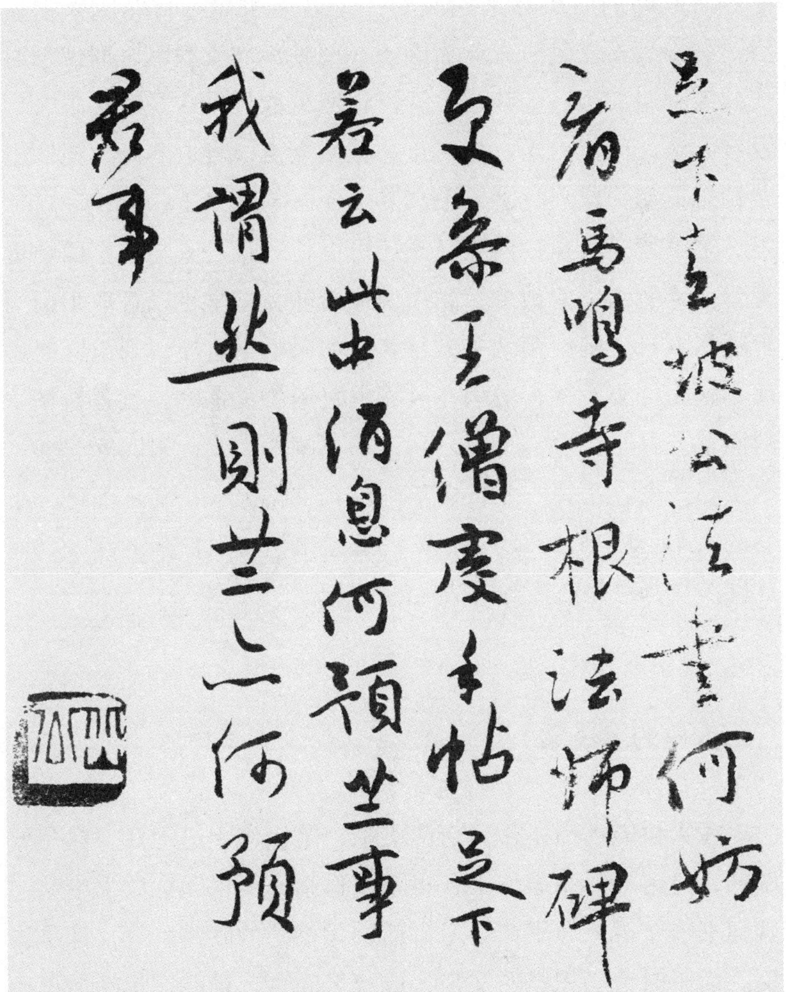

吗？明代人好为诸体手卷，往往优劣参差，强为变化，其捉襟见肘、力不从心之感，难于掩饰。而复翁仅以行草，便天花乱坠，不可端倪。不需比照，略一涉想，便知高下斯别矣。

而此卷的历史意义，又非一个妙字可概。自北宋大家以后，帖学莫不立足唐人，而囿于《阁帖》《圣教》，即使划时代的大师赵孟頫、董其昌、王铎也概莫能外。这是时代限之，没有办法。而至白蕉，始真正地截断众流，直取本源，挹二王杂帖之英华，成当代之二王。其书无一笔非二王，无一笔是二王，笔笔皆是白蕉，白蕉又无迹可寻，这正是人与书全面贴近魏晋，才能结出的硕果。如果说今天的新帖学也以直取山阴为旨趣和方法，则白蕉就是先行者。如果帖学有史，则王铎展盈尺小帖为径丈大幅，白蕉在风味上直逼二王杂帖，就是新帖学的滥觞。帖学史上，二王之后，颜真卿一大变，宋四家一变，赵子昂一变，王铎一变，白蕉则庶几称得上一小变，而这一小变的文本，就是《兰题杂存》。这是书法史对白蕉的厚爱，而这件杰作，也是白蕉对书法史的回报。

古典的书论家

古人讲究述而不作，历代书论，笔记占十之七八。白蕉要做的，是诗人，余事作书，再余事作画，所以无意做书论家，其《书法十讲》《书法学习讲话》《书法的欣赏》等，都是讲稿。而平时留心积攒的文字，成《云间言艺录》，包括《济庐艺言》《临池剩墨》《云间随笔》《客去录》，统不过数千言笔记而已。这些笔记，不过是白蕉高超见识、高华风度的影子。综观其书论，只有两个特点：其一见识超群，其二文辞雅宜。与其由我绕舌，不如尝鼎一脔：

> 至于学书先求“平正”，诸位休小觑了这两个字。“横平竖直”真不是易事，学者能够把握，实是了不起的功力。
>
> 像孙过庭这样一个造诣深醇的书家，见闻广博、思入精微的伟大理论家，在他的《书谱》里就没有提出过“永字八法”的说法，足证“八法”是在初唐以后才出现的。
>
> 六朝离乱之际，书法乖谬，不学的书家与不识字的石工、陶匠所凿的字，正好比是一只生毛桃，而且是被虫蛀的生毛桃。包、康两人去拜服他们合作的书法，那是他们爱吃虫蛀的生毛桃，我总以为是他们的奇嗜。
>
> 学钟王字无从讨好而容易见病，因此急功者都不肯学，亦不敢学。
>
> 杨少师《神仙》草书亦负盛誉，则真江湖之尤者，盲人骑瞎马，知从来便不少此辈。
>
> 杨少师《韭花帖》与虞世南《汝南公主墓志》必系米襄伪作。此老好弄狡狯，却不防八百年后有白蕉其人。

陆柬之《文赋》功力可观，差乏精彩。（精彩）处亦复少变化。松雪、徵明气息自更不如。至其得病处，正复相同耳。大致天分尚少，用力甚多者，往往如此。

余尝评近代书家数人，或未免太苛。论云：康有为字如脱节藤蛇，挣所垂毙。吴昌硕字如零乱野藤，密附荒篱。郑苏戡字如酒后水手，佻挞无行。仓硕行书学王觉斯，倘及门亲炙，亦宜打手心；晚年《石鼓》有极佳者，今人无出其右。沈寐叟书如古冠名士，结构近《爨宝子碑》；而又参钟索草法，故初学包世臣而无包之浮，于前人殆近黄道周、倪元璐。打碑入帖，其拙处沉着处可喜。然亦只可有一，不可有二。

因白蕉书论无一不真、无一不深、无一不隽，也就无需再引了。

总之，我认为三百年来帖学书家，复翁为翘楚。将来帖学书法史上，他是一个里程碑式的人物。尽管因为时代限之，他多有未到处，毕竟瑕不掩瑜。

2013 年 5 月 6 日

读白笔记

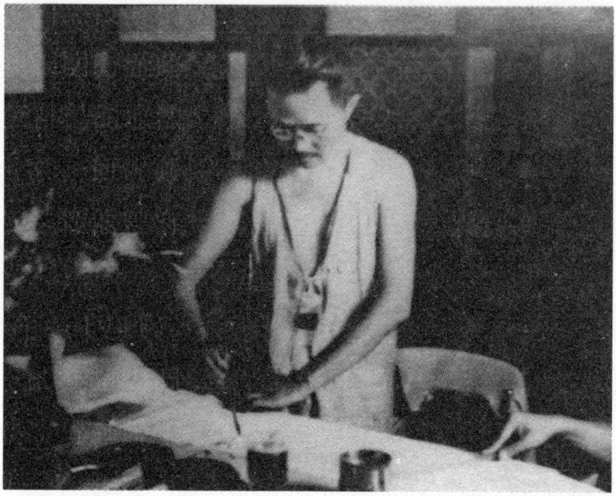

约 20 世纪 50 年代夏天在静安寺庙内避暑作画

余读书涉事，或有感触，因有《竹堂笔记》。兹摘出与白蕉相关者，庶可照见历程焉。

学碑　帖派大师如沈尹默、白蕉等，俱尝学碑。今孙晓云亦尝学碑。2006–5–28

苦雨斋　周作人“苦雨斋”名噪一时，题之者沈尹默也。甚庸常。当时沈氏不以书名，陈独秀讥为其俗在骨，近是。今人评沈氏书，众口一词曰无才气，盖未见其尺牍也。沈氏格调不及白蕉，功力过之。2006–7–2

白蕉之子　前日上海张卫东电话，白蕉夫人尚健康，盖年近期颐。白蕉先生哲嗣下岗，以裱画为生，耿介一似其父。以事与人龃龉，其人送烟，坚拒不收。此可谓复翁有传人也。人可以不为艺术家，然一点血性，万不可失。不失先人血性，可谓孝矣。2006–10–24

游移　余欲学白蕉，未能深入，又欲学谢无量，未能深入。临古尤未深入。此所谓游移而无定见也，必将无成。何以

成立，自不可知。2006–11–16

唐楷基础 由唐入晋，不失为正途。白蕉以欧为基础，转而似虞；小楷则学钟繇。今人写行书者多乏根基。2007–1–16

沈白优劣 沈尹默、白蕉皆帖派名家，沈氏甚有中兴之功，功夫超人，而气息不及白蕉远甚。读新近海上十家作品集，知白蕉必传，而沈氏不足以颉颃古人也。2007–1–16

沈白优劣又 近日浏览网络，见沈白优劣讨论，有支持沈优于白者语及余曰：我不知孟会祥何人，知道多少典故。似颇义愤，可叹。盖余谓白蕉放大羲之帖张之壁间，日日观摩，见于《白蕉兰题杂存卷》胡传海先生所写编后语，学白蕉者不可无此书，又无人不知此事耳。顷见抱瓮先生支持白优于沈，谓沈是学者，白是艺术家。而抱瓮先生以学问深奥，颇为无聊者讥讽短才，于此更见抱瓮先生之不苟且也。2007–5–15

白蕉二流 近有前辈书家谓白蕉是二流书家，令人诧异。盖碑帖町畦，于今仍然。2007–7–23

平正 白蕉《书法十讲》云："至于学书先求'平正'，诸位休小觑了这两个字。'横平竖直'真不是易事，学者能够把握，实是了不起的功力。"此语非过来人不能言也。日前借得张旭《严仁墓志》拓本，见而悦之，乃仿佛其书，以平正衡

之，则吾不能一字平正也。至于行草，一皆如此，平正之难，正所谓看似寻常最奇崛耳。2008–9–2

白蕉不喜包、康 《书法十讲》云："六朝离乱之际，书法乖谬，不学的书家与不识字的石工、陶匠所凿的字，正好比是一只生毛桃，而且是被虫蛀的生毛桃。包、康两人去拜服他们合作的书法，那是他们爱吃虫蛀的生毛桃，我总以为是他们的奇嗜。"2008–9–2

白蕉论《韭花帖》 白蕉自书："杨少师《韭花帖》与虞世南《汝南公主墓志》必系米襄伪作。此老好弄狡狯，却不防八百年后有白蕉其人。"2009–4–21

展览会 白蕉曾说："开展览会等于乞化，不敢骂尽世人，我自所感如此。"则如今展览会，并行乞亦不可得也，纯卖吆喝而已。间有售出作品者，或原已商定朋友务为代订者，自欺欺人也。2009–4–23

不掠美 白蕉云："云间写兰，其竹石之类，多为杭人唐云所补，劣者乃为的笔。书此使后之人有所考，不嫌掠美一时也。"2009–4–23

永字八法出于初唐以后 白蕉《书法学习讲话》云："像孙过庭这样一个造诣深醇的书家，见闻广博、思人精微的伟大理论家，在他的《书谱》里就没有提出过‘永字八法’的说法，足证‘八法’是在初唐以后才出现的。”观此，亦知白蕉眼中之孙过庭。2010–5–2

书大字左右脚分前后　白蕉《书法学习讲话》云：“在书写巨幅大字的时候，左右脚分前后，如果脚并立，不能使用全身力量。”2010–5–2

白蕉苛评近代书家　白蕉《济庐艺言》云：“余尝评近代书家数人，或未免太苛。论云：康有为字如脱节藤蛇，狰所垂毙。吴昌硕字如零乱野藤，密附荒篱。郑苏戡字如酒后水手，佻挞无行。仓硕行书学王觉斯，倘及门亲炙，亦宜打手心；晚年《石鼓》有极佳者，今人无出其右。沈寐叟书如古冠名士，结构近《爨宝子碑》；而又参钟索草法，故初学包世臣而无包之浮，于前人殆近黄道周、倪元璐。打碑入帖，其拙处沉着处可喜。然亦只可有一，不可有二。”2010–5–2

王书不欺　白蕉《临池剩墨》云：“棋差一着，满盘皆输。似正说写兰，一笔不合，全纸皆废也。我意学王书亦正复如是。着一败笔，即觉从纸上跳出，直刺人眼。不似学六朝石工陶匠之字，三月便可欺人也。”“一笔不合”语，《兰题杂存》亦尝言之，并谓此一笔即是第一笔。写帖不遮丑，而碑遮丑。今人楷书，魏碑大盛而晋唐式微，正以今人下不得功夫耳。此亦不独楷书为然。《客去录》又云：“学钟王字无从讨

好而容易见病，因此急功者都不肯学，亦不敢学。”2010–5–2

徐悲鸿与白蕉　1953年9月，白蕉赴京，驻徐府有日。临行，悲鸿赠画一卷，并亲自送别车站，约下周到海上食蟹。白蕉上车，始忆忘带悲鸿画，然既约下周相见，不以为意。次日，悲鸿逝世。2010–7–7

帖学三家　有论者谓近世帖学三家：沈尹默的法，白蕉的韵，谢无量的变。似颇有道理。2011–6–21

《汝南公主墓志铭》　白蕉尝云，《汝南公主墓志铭》《韭花帖》皆米芾作伪。启功谓《汝南公主墓志铭》为钩摹本，不知是否即出米芾钩摹。2012–3–25

晏园诗书　《王家新诗词书法》，内收《临纸心情，即草》一首：“题兰但见散逸心，群书直向晋风神。更有大爱存心宇，停毫清泪已沾巾。”诗即写于《白蕉兰题杂存卷》封底。因忆高二适先生尝于怀素《自序》封面题诗，可为同是一段豪情也。又其《近半年临孙过庭书谱与复翁题兰册有记》中有句曰：“千三百载师犹在，整一世纪魂未销。”晏园生于1967年丁未，少复翁一甲子，所谓“整一世纪”，往来古今之感耳。2012–11–14

袁世凯强记　黄炎培序白蕉《袁世凯与中华民国》云：

“袁长于记忆。某人一为所见，某事一为所闻，类能终身不忘。故各省官吏入见时，一语及所在省区人物或政事，袁谙熟之程度，往往过于所在地官吏。故人多惮之。”2013–5–3

袁世凯食量　黄炎培序白蕉《袁世凯与中华民国》云：“袁食量大过人，晨起馒头一大盘，鸡子一大盘，数各二三十，袁能立尽。内嬖如夫人者十五六。”2013–5–3

杨凝式帖　2013年5月9日，余记杨凝式帖之疑，未敢遽下结论。顷写《三百年来一复翁——再读白蕉》，见白蕉论杨凝式帖，所见甚高。曰：“杨少师《神仙》草书亦负盛誉，则真江湖之尤者，盲人骑瞎马，知从来便不少此辈。”又曰：“《韭花帖》与虞世南《汝南公主墓志》必系米襄伪作。此老好弄狡狯，却不防八百年后有白蕉其人。”复翁谓《韭花帖》出于米临，则少师必有《韭花帖》传世，且与米临相去不远。如《中秋帖》《东山帖》皆出米临，可谓下真迹一等耳。复翁谓《神仙起居法》“真江湖之尤者”，痛快！读之当浮一大白。顷在《书法》2013年第3期读萧风先生文，分析《神仙起居法》与《步虚词》笔法体势相近，殊见功力，然则二帖必系一人作伪耶？因是，以余之见，《卢鸿草堂十志图跋》或系真迹，《韭花帖》出于米临，而《夏热帖》《神仙起居法》《步虚词》必皆妄人作伪。世多观场矮人，慑于风子盛名，“盲人骑瞎马，知从来便不少此辈”。2013–5–9

白蕉亦尝无人问津　白蕉学生蒋炳昌先生回忆："白蕉在1963年时写的一幅4尺的书法，售价2元，在朵云轩放了4个月都没有人要，现在那样一张10万元都抢不到了吧。"见2013年6月3日《东方早报》韩少华文《蒋炳昌：百兰草堂有处方》。2013–6–23

白蕉尝以著作揩痰　蒋炳昌先生回忆："我有一次去看望他，见他咳痰之后，撕文稿擦拭！仔细一看，那居然是《书法十讲》的誊清稿，大惊，白先生却说'都没用处的啊！都没用处的'。"见2013年6月3日《东方早报》韩少华文《蒋炳昌：百兰草堂有处方》。读到此处，谁不潸然？2013–6–23

白蕉汉简体扇面　2013年6月3日《东方早报》韩少华文《蒋炳昌：百兰草堂有处方》配图中，有汉简体扇面，文曰："天上没有玉皇，地上没有龙[王]。我就是龙王，我就是玉[皇]。喝令三山五岳开道，我来了。庚子为襄城老兄发笑。复生。"陈巨来尝谓白蕉隶书，非来楚生、马公愚辈所及，不免过实。而此扇亦实不在来楚生之下也。短短数语，竟漏二字，挥毫时未能气定神闲，可想而知。庚子年，1960年也。唯不知"襄城"者谁。2013–6–23

笔法即筷法　《中国书法》2013年第8期，林鹏谓笔法如筷法。"写字要用笔，正像吃菜要用筷子一样，怎样去执笔，这问题又正和怎样去用筷子一样。"白蕉《书法十讲》早已道

及。2013-9-30

柳亚子荐白蕉　新中国成立初期，柳亚子荐白蕉于华东军管局文物处。顷见何民生先生博客有原文如下：

森老、弢兄同鉴：

友人白蕉兄，少年英发，为亡友陈陶遗所赏识。所撰《袁世凯与中华民国》，考证周详，证断老辣，同时耆宿，如张仲老、黄任老皆敛手推服，自叹弗如也。

今闻兄等主管华东文物处，如此人才，若不罗致，殊失海滨父老之望；而弟忝在爱末，倘不一言，亦乖朋友应尽之谊，用特奉函绍介，并恳白蕉兄面陈一切。度两兄爱才若渴，必然使青萍结绿，长价于薛卞之门也。如何之处，希即复为幸。此颂

撰安

弟柳亚子敬上

而白蕉不愿借柳氏重名求职，终未示人。2014-1-4

白蕉与蒋兆和《流民图》　曹可凡《悲欢自酬》载，1920年，蒋兆和年十六，携妹蒋万琪之上海，生活困窘，每得白蕉接济。蒋万琪读上海智仁勇女中高中，即承白蕉解囊。蒋兆和《流民图》尝在上海华懋饭店展出，遭歹人破坏，下落不明。

1952年，白蕉供职上海文化局，偶于美协仓库中发现半幅，已破败不堪。遂托裱后，1953年亲送北京蒋兆和。今半幅《流民图》藏中国美术馆。2014-6-15

白蕉索瓜　有人索书，白蕉致函云：“白蕉顿首。暑气毒人，不堪作事，且屏妇子裸卧谢客，真人间适意事也！昨奉来书，欢然如面。扇已书就，之人送上。此间西瓜尚剩四五枚，二三日可尽。足下有意接济，可来一担，谢谢，率复一悉。”2014-6-20

两封信　日前，白蕉女公子何益玲先生（白夫人李畹芬幼女）亲赐华翰，于予研读白蕉，颇有嘉许。捧读再四，泪潸然而下。又白蕉公子何民生先生（蕉夫人金学仪子）在博客留言，将于“纪念白蕉”博客转载拙文。对屏不觉亦潸然矣。予以白蕉仰之行之，得白蕉先生后人一语肯定，幸何如之。研读复翁有年，学既不成，书亦不成，愧对先贤。然既天资学力薄弱，而心向往之，矢志不渝，亦将不负复翁耳。2014-8-9

林庚白算卦　林庚白治易，尝预言章士钊入阁，林白水横死，孙传芳入浙，廖仲恺死于非命，袁世凯命终，及自己寿不过五十，均应验。尝至白蕉舍，白蕉笑倩其为烟灰缸卜，庚白曰：“寿不过一日。”林氏辞，白蕉乃呆坐观察。夫人金氏屡呼不应，怒，掷烟灰缸而碎。白蕉哈哈大笑：“天下没有不是的老婆。”而林氏卜，果应验也。2014-8-9

白蕉初恋 白蕉初恋女友送白蕉一朵美人蕉，白蕉哲嗣何民生先生尝见，夹于一空白册页中，册页不著一字。何民生先生为《白蕉书画遗珍》所写序言《人品与才情齐飞，书画共魏晋一韵——纪念白蕉先生》记："在一次回乡的船上，远远见到初恋的伊人，那世俗的样子与以前截然不同，让他连打个招呼的意趣都没有了。"2014–8–27

白石老人为白蕉画芭蕉 1953年，白蕉赴京访徐悲鸿。因与徐悲鸿同访齐白石，徐代白求画白色芭蕉。白石曰，蕉好画，白难画，遂画芭蕉一纸，收润十七元。后，吴湖帆为白蕉画白色芭蕉一幅。2014–8–27

白蕉助人 1965年（或说为1964年），白蕉赴安徽讲学，稍有余钱。与唐云欲助一穷画师，又恐伤其自尊，乃以高于润例价购其画数幅。2014–8–27

不衔袜子 郑逸梅记："郭琳爽所主持的《永安月刊》，出满百期，举行庆祝会，设宴于旧时的楼外楼。我是编辑之一，白蕉是撰稿人之一，就邀请了白蕉参与其盛。白蕉这天穿了件长衫，脚上一双僧侣所穿镂空布鞋，且赤足不衔袜子。其时赤足穿皮鞋，只有摩登女子，以蔻丹涂了脚指甲，显其六寸圆肤光光致致，男子赤足，出入交际场中是从来没有的，白蕉成为创举。"2014–8–27

欲打虞文　抗战胜利后，虞文为上海文化官员，宴请群彦，白蕉与座。虞于座间盛称张道藩。白蕉以张破坏徐悲鸿婚姻，闻之大怒，挥杖欲殴之。翌日，虞又遣人来请，谓昨日未尽兴，白蕉拒之。今世不复有白蕉，恐亦不复有虞文耳。2014-8-27

禾矢女人　白蕉论书稿付邓散木求正，落款“禾矢女人”，盖“矮人”之谓也。散木朱批云：“尽管加冠退爵，仍宜高自位置。禾矢女人云何哉？”所谓“加冠”，戴“右派”帽子也；“退爵”，降职降薪也。呈邓散木之稿，书写似甚促迫，有乱头粗服之致。想是初稿，内有“体用章稿”、“宗师章初稿”字样。《白蕉书画遗珍·自书诗卷》第一页所收，是改定稿，与《海派代表书法家系列作品集·白蕉》第233、234页所收，文字内容一样。白蕉论书文字、题兰文字，往往反复书写，是其推敲之功，不厌其烦。以白蕉之才，文字之事，如此经心，大可崇敬。此稿文言，似骈似散，类唐以前人书论，书写极精绝，必是白蕉欲传之后世者，惜未见其全豹，盖亦失其传矣。白蕉学生蒋炳昌尝忆白蕉以书稿揩痰，谓是《书法十讲》稿，我疑心或是此稿。唯“宗师篇”及“体用篇其三”似是定稿，兹抄录。《宗师篇》：“画要写生，字先写死。宗师既定，步趋是式。循墙沿壁，入由一家。先抚楷正，后规行草。提管无时，法脉求证。既博观而强记，要睹此而思彼。夫务学人之业者，尊先生之能事；有胜人之志者，立古人于下风。漫窥漫识，转入转难。似山穷而水尽，忽柳暗以花明。故其人也，贵同不贵异，有人不有我，触藩自苦，不知月异而岁不同也。其出也，尚异不尚同，有我不有人，消息既得，触悟斯多。神理明于心，韵味出乎手。是之谓不难不明，不变不成，智过其师，方名得髓者矣。”《体用篇其三》：“笔之顺逆进退，强弱见焉，死生决焉。墨之浓淡干湿，气候出焉，秾瘁系焉。间架聚散明而疏密显，纵横跌宕，唯变所适。行列则断续分而起伏应，隔行悬合，宛转相承。整体以观，林林总总，万红而一春。”2014–8–27

凿着法　何民生先生谓白蕉得意之作，往往用“凿着法”印，甚罕见。2014–8–27

何益玲先生　日前，白蕉次女何益玲先生忽赐手示，予感激莫名，敬覆言谢。不日，何先生回函，并赠予全家福照片及《白蕉书画集》。何先生并补充何雪聪所作《我的家庭》，至数千言。吾欲刊发，何先生谓无意发表。老人家虽不事书法，然而钢笔字数千言无倦怠潦草处，令人肃然起敬。何先生函中表扬我，大意为：看到信，眼前一亮，写得真像我父亲。诵读之下，既欣且愧，自知以我学我才，方之复翁，终为云泥尔。虽然，自当奋发追步前贤，不可自弃也。2014–9–4

《白蕉书画集》之重要更正　上海市金山博物馆所编、上海书画出版社出版《白蕉书画集》，编校之细、图版之清，都可佩服。唯有一遗憾，故有《重要更正》：“《白蕉书画集》一书‘白蕉年表’之附记内容与史实有误，删除附记，特此更正，并向白蕉先生之长女何雪聪、长子何民权、次女何益玲、三女何前男、次子何民生、三子何平及广大读者致歉。上海市金山博物馆。”原附记内容为：“该年表最早来自白蕉先生所遗存的亲笔履历表，由白蕉夫人金学仪先生抄录给编者，后经白蕉先生之长女何前男、长子何民生、次子何平多次提供意见，并参与当时媒体报道消息撰成，内容可靠性较强。”李畹芬先生生何雪聪、何民权、何益玲，金学仪先生生何前男、何民生、何平。尝读金学仪先生、何雪聪先生、何益玲先生、何民生先生文字，一一令人肃然起敬。2014–9–4

《兰题杂存》创作时间　尝见刘兆彬先生《白蕉书法年表》考证《兰题杂存》创作时间，定为1963年，深见功夫，颇有道理。从“打灯取影”，到“兹四十年矣”，推想白蕉当五十许岁，即1957年之后，甚是。然而若定为1963年，则前推四十年，为1923年，时年白蕉十六岁，到上海英语专修学校求学，恐怕已经不再“打灯取影”，即使打灯取影，恐怕也不宜再称为“儿时”，而当称为“少时”矣。若以书法风格及文字内容论，我倒更倾向于1958年，尽管这不是一个好年份。理由是，《白蕉书画集》第165页《兰意笑图》，作于1958年4月，题款“一香可喜之外，具风和日丽之观，群情所可，兰意亦笑”，以及第171页《兰喜图》题款“蕙一箭数花，出梗之法，昔人多顺出，总不得力，花多时看去尤支撑不住，不如逆入用笔作顿势，全得茁壮之天然也”，不仅文字与《兰题杂存》无一字差别，而且书写风格也毫无二致，就相似度而论，比刘兆彬先生所举1963年《花农颂》的相似度显然要高。白蕉的书法风格，确实存在着时时反顾的现象，即有时重复过去曾写过的风格，但要在1958年到1963年五年之后，几乎一成不变地重复过去，恐怕是不大可能的。就白蕉总体书风演变来看，其晚年用笔更老辣，草书成分渐多，结字中宫似越来越宽，该书第162、163页两幅作于1963年国庆的《兰石图》题款，也略可证明。当然，这也是猜测，留待指正。2014–9–4（此则王浩州先生见，以为近是。然何民生先生以为刘兆彬先生分析科学，并谓其记忆大约为1963年）

白蕉文字　近日，王浩州兄以白蕉《临池剩墨》《客去录》相示。《临池剩墨》原载《永安杂志》，《客去录》原载《子曰丛刊》，因知金丹先生编《白蕉论艺》所收，或谓是《书法》杂志尝发表者，实皆摘录，不是全本。复翁文字全貌，必待有心人如浩州兄慢慢收集整理也。予录出，逐句读，将收入《读白蕉》中。2014–9–17

白蕉论沈尹默、张大千　白蕉有诗论沈尹默二首："气息强能接宋元，即今论帖孰知源。名笺精绝胡桃字，书势终怜目力冤。"又："清言娓娓重南金，此老能书苦用心。谁料诗词真蕴藉，信无浅语出思深。"论张大千二首："笔参造化妙追寻，胸次灵开食古心。前十年间下神力，能教天下贱黄金。"又："我论张侯笔苦骄，穆然无意更超超。丰家老子有前见，今日敦煌在市朝。"具体意思，我不甚了了，聊记于此。2014–10–8

行书陆游《游山西村》诗

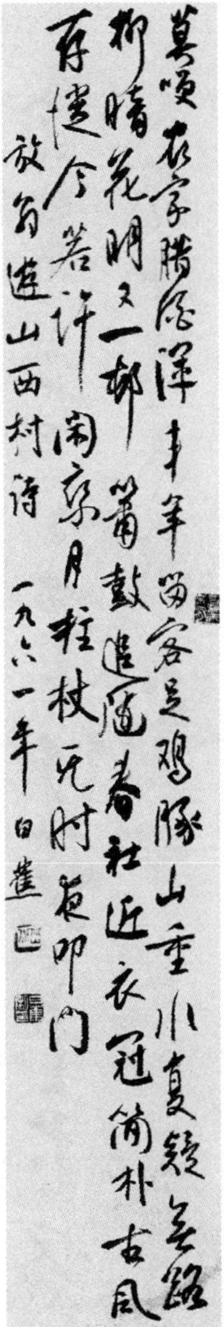

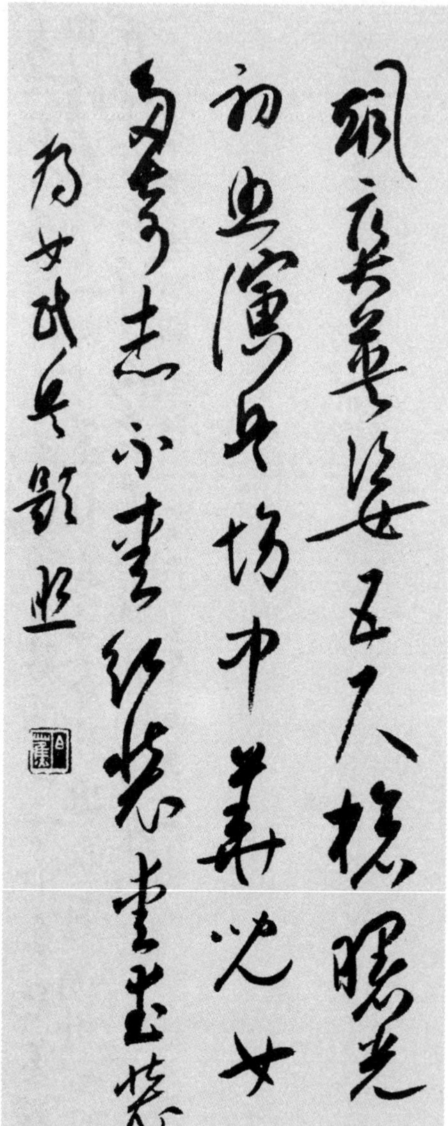

行书毛泽东《七绝·为女民兵题照》

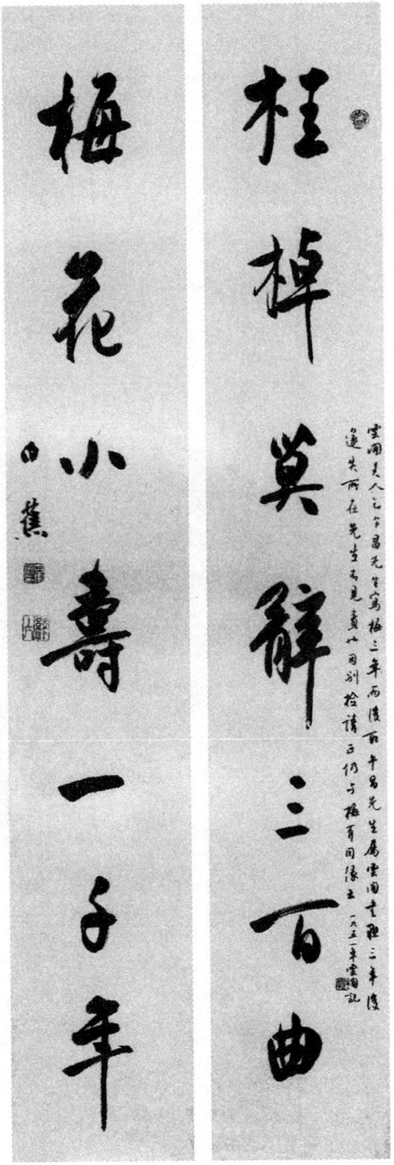

行楷书七言联

隶书新民歌一首

楷书陶渊明《桃花源记》

兰喜图

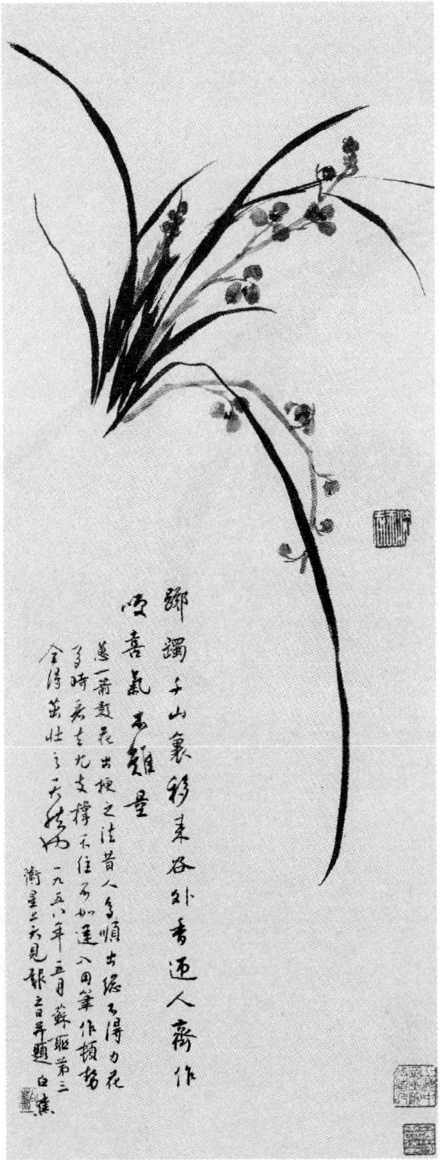

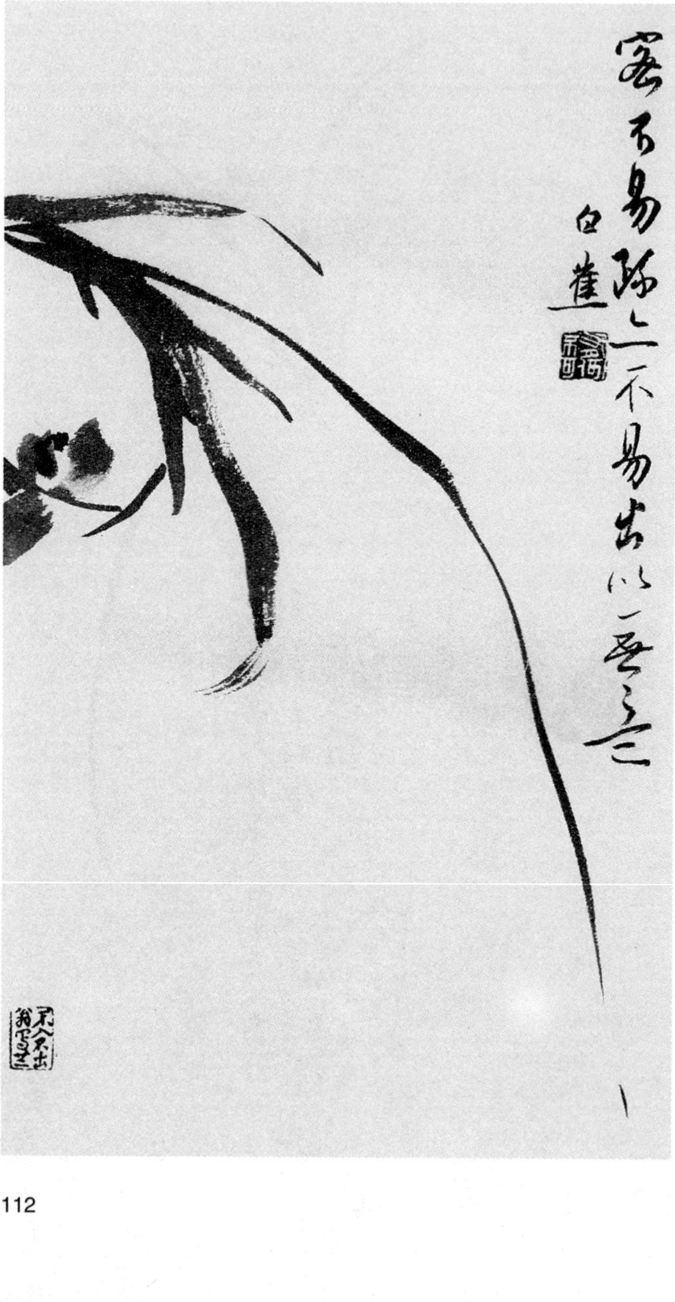

密不易，疏亦不易，出以无意。白蕉。

《云间言艺录》解读

摄于 20 世纪 50 年代

白蕉《云间言艺录》，我所见者，即收于金丹先生编《白蕉论艺》（上海书画出版社2010年第1版）一书者。日前，王浩州先生以白蕉《临池剩墨》《客去录》影印文件相示。《临池剩墨》原载《永安》杂志，《客去录》原载《子曰丛刊》，因知金丹《白蕉论艺》所收，实皆摘录，不是全本。而《临池剩墨》中，有不少条目，重见于《云间随笔》。看来，要想真正地编定白蕉书论定本，还有待时日，而我自问没有这个能力。也许，假以时日，像王浩州先生这样的有心人，会完成这项工作。

平心而论，不完全出于我个人对白蕉的崇拜，我读近人书论，感觉没有比白蕉先生的文字更加有见识、有性情者。复翁的书论，与他书法的笔笔是古人，笔笔又不是古人一样，句句从古人而来，又句句是真知灼见。因为见识、天才、性情、文采俱备，他能挹取古人菁华，把复杂的东西，三言两语说清；他不畏历来成见、不惮前人盛名，敢于直陈己见，发前人所未发；他的文字推敲精练，文采飞扬，虽为书论之作，而格调不让明人小品。所以，读白蕉书论，我感到在人品、学识方面，是受教；而在风度、辞藻方面，是享受。

因而，不避佛头着粪之讥，我把自己随读随记附之于后，请师友审正。

济庐艺言

古人于书画，往往好作玄论欺人。其实绝无神秘，学者不知，亦自能暗合。着意三多，熟能生巧。大匠能与人规矩，后事全仗一“悟”字入矣！故初学书画，最妙能自寻门径，不畏难，终有得。要耐着性子，要静，否则徒觉其难，反不知从何落笔矣。及其已能作书画时，再看古人论著，自能心领神会，获益不鲜。至若希夷自然，则目击道存，可忘肉味。

解：“三多”不知具体所指，比如多看、多临、多思。希夷，“视之不见名曰夷，听之不闻名曰希”，“无色曰夷，无声曰希”。希夷，指玄妙，又指清静无为，任其自然。目击道存，一眼看去就知“道”之所在，指悟性。可忘肉味，孔子闻韶，三月不知肉味。

入手要高，此是第一件事。俗有所谓看坏眼睛者，乃是金言。指导初学者选师取法前，要知得此语来自菩萨心肠也。法近人，最无志气。如悦某人书画，当师其所师，与其同门，绝不可从而师之。从而师之，傍门依户，终为弟子。青出于蓝，此是何等事，而可易言？昔人云："取法乎上，仅得其中；取法乎中，斯为下矣！"不可不知。

解：颜真卿师张旭，王献之师王羲之，岂不是法近人？近人非不可师，关键师法要高，心志要高。不于古典用心，专门临仿老师，则真是无志气了。

古来碑帖，不可尽学，然不可不泛涉。学书当有所主。有主以会其归，泛涉以尽其变。

解：学宗一家最难。见异思迁，朝秦暮楚，往往竹篮打水一场空。今人轻易可致历代名帖，最易泛涉，甚者追逐评委和获奖专业户，横向取法，便是无主。

入手觉难，要不怕；在用功时觉难，尤其要不怕，此即是过关矣。同一怕字，程度不同。书画篆刻诸艺事，大概均须过三关。过得一关，便是进得一程，登高一级。其程甚远，其级无数。我谓三关，非谓过尽即达。比如阳关三叠之后，遂谓无离情耶？昔年初治篆刻，觉白甚易，朱文较难，继以为反是，既又以为反是，终又以为均不易。如此颠倒，竟不知次数。然三关既透，总较多坦途云尔。

解：学书不同阶段，有不同阶段的难。一旦不觉其难了，也便没有进步了。然而在每一次感到困难之时，水平已经悄悄提高。比如登山，步步为难，而每一步，便是提高。

右军云："书弱纸强笔，强纸弱笔。"周显宗云："写字之法，硬笔要软，软笔要紧。”皆是刚柔相济之义。

解：刚柔相济，要从得力处想。

强笔强纸，难于淹留；弱笔弱纸，难于劲疾。纸笔不相合，故难见工。总之，硬笔欲其淹留，软笔欲其劲疾，此其大较也。

解：不能淹留，直来直去；不能劲疾，涂抹皴擦。要从得力处想。

古人论书有云：“作真若草，作草若真。”诚是千古不传之秘，初学所不能悟到之一境也。

解：孙过庭云：“伯英不真，而点画狼藉；元常不草，而使转纵横。”可以参看。

余尝评近代书家数人，或未免太苛。论云：康有为字如脱节藤蛇，挣所垂毙。吴昌硕字如零乱野藤，密附荒篱。郑苏戡字如酒后水手，佻挞无行。仓硕行书学王觉斯，倘及门亲炙，亦宜打手心；晚年《石鼓》有极佳者，今人无出其右。沈寐叟书如古冠名士，结构近《爨宝子碑》；而又参钟索草法，故初学包世臣而无包之浮，于前人殆近黄道周、倪元璐。打碑入帖，其拙处沉着处可喜。然亦只可有一，不可有二。

解：白蕉于康有为书、吴昌硕行书、郑孝胥书，都不赞成，而对吴昌硕《石鼓文》及沈曾植则加以肯定，可谓公允。康有为书有一种博大浑厚之气，亦似难得。

所谓“韵”最难讲。风神蕴藉，萧散从容，有时可为之注解。然韵字尚包含一种坚决之气。羽扇纶巾，指挥若定。观晋人书，往往有此感。

解：一说“韵”，容易作阴柔之想，实是误会。有人语我曰，中国文化特别是儒学，让人软弱，其实大谬。比如为人，朱自清是文弱书生，而当大关节，铮然有铁骨，这才是真韵。若旷世才子，而阿附权贵，唾面自干，何可称韵?

忆数年前，徐悲鸿顾我谈艺，尝云：“凡欲作书画时，先在纸上纵笔挥洒，觉‘来’时，然后在准备之纸上落笔，未有不佳。”语颇可记。然此尚有不能泯行所无事之迹。行所无事而神来。

解：“行所无事”一语，白蕉喜用。《兰题杂存》里也说过：“如何得神，曰行所无事。”语出《孟子·离娄下》：“禹之行水也，行其所无事也。”大禹治水，为顺水之性而导引，所以，行所无事，即契合自然。

书画相通，然而画书则未必相通，此可与知者道。作书手法，不外指实、掌虚、管直、心圆八字。指实而后得紧，掌虚而后得宽，紧则坚，宽则大；管直心圆，则锋中矣。至于枕腕、提腕、悬腕、悬肘，全视字之大小，此是事实上事。欲取空虚，有非提悬不可得者。古人或云“悬手”，意故含混，或指悬手为书家魔障，亦是奇论。右军云：“每作点，必须悬手作之。”虞永兴述右军每作点划（画），皆悬管掉之。正是胡桃大字，亦有须悬以取势者。

解：魏晋间人作书，无所凭依，所以即使粟米小字，亦是悬肘而成。后世工具材料变化，枕腕、悬腕等，不过是因利乘便，虽亦无不可，终究要体会“悬手”的意思，才可以挥运自如，八面出锋。

执笔务便、稳、轻、健。希声言执笔法五字曰：擫、押、钩、格、抵，理自不误，本非甚深玄妙。俗有龙眼、凤眼之说，虽说非无所本，终是刻舟求剑，类江湖卖膏药口吻矣。包世臣云：“画平竖直，便是佳书。”此语甚凡庸，直足对写考卷之酸秀才、小门生说法耳。不则，其洵以字如算子为佳耶？元人奴见，此赵松雪之所以终不曾梦见晋人也。

解：执笔要指实掌虚。五字执笔法，不过分说五指作用而已。过于玄秘其说，实为欺人。“画平竖直”，其实有两层意思，一味平直相似，则状如算子，便不是书。而写字真能做到横平竖直，字有平正意，确也并非易事。无平正，也便无飞动。白蕉自己也讲过“横平竖直”不可轻看的话。

松雪书结构匀称，熟不能生，遂成俗书。智永《千字文》，若今世所传，除整洁妩媚而外，不见其他，颇足致疑。然与其学子昂正书，尚不若临永师《千字文》也。

解：白蕉尝言：“赵松雪书，天资不足，功力甚深。”说它俗，是相对于羲献正朔而言。智永《千字文》，本为传播习字之法，当然也难见性情。不知白蕉是否尝见墨迹本。

临书始欲像，终欲不像。像求其貌，不像求其神。故不能有背于当前者，初学；有自家意思者，终学。貌去神连，明离暗合，此是第八九分功夫。否则，一路求像，直是庄生所谓似人，僧皎然所谓钝贼者矣。

解：凡学书，初患不像；既能像矣，患不能守，所谓不能守，临写时似得心应手，自运时又恢复“自来体”，此为最苦；既能守矣，患不能有自家意思。其实真能吃透一家、旁参诸体，豁然开朗，放手写去，定有自家意思矣。凡不能自出新意者，昧于道理，亦势必不能克绍箕裘。皎然《诗式·三不同语意势》：“此则有三同。三同之中，偷语最为钝贼。”

议论实诣，截然两事。议论，识也；实诣，力也。大抵眼有三分，手有一分。

解：眼高手低，理之常也。手高眼低，未之尝闻。

孙子谓良将用兵“动若脱兔”，而必先曰“静若处女”者，可悟能静然后能动之旨，岂独书法为然。

解：《孙子·九地》：“是故始如处女，敌人开户；后如脱兔，敌不及拒。”书法不能静，其动则为乱动。

昔人言：书者如也，言书如各人之面目性情也。故学宗一家，而变成多体。唐四家学右军，何曾是虎贲中郎？或谓此是各得一体。我意孔子是孔子，颜渊是颜渊。

解：汉置虎贲中郎将，秩比二千石。虎贲中郎为虎贲中郎将属官，秩比六百石。虎贲，言其猛怒，如虎之奔赴。蔡邕尝为左中郎将，有勇士与之相貌酷似。《后汉书·孔融传》："与蔡邕素善，邕卒后，有虎贲士貌类于邕，融每酒酣，引与同坐，曰：'虽无老成人，且有典型。'"颜渊亦并非孔子的一部分。世谓得右军之骨、筋、肉之类，其实是各家自有成就。

张猛龙其力在骨，郑文公其力在筋，是皆偏胜者。

解：大抵尽善尽美，其惟逸少乎？

艺术贵创造，此是不易语，然有时亦误尽天下苍生。近年出身之中西画人，多中此语之毒。盖此事全在大力者、大学者，非一般子弟均可与语上也。

解：不能继承，而奢谈创新，自欺欺世而已。

文艺与师法、学力、识见、胸襟联系最密。大家与俗工，尤于后二者区之。

解：识见、胸襟区别雅俗。而诗有别才非关书，更须有天才。

董思翁善用淡墨，刘石庵善用浓墨。各人用墨，嗜好不同。然浓以不枯为归；淡以不浸渗为妙。刘虽号用浓墨，时见笔滞。宋时苏东坡用墨，自谓须湛湛如小儿目乃佳，是亦善用较浓之墨者，其书时或见肥，然无一滞笔，自是用墨高手。

解：将浓遂枯，带燥方润。浓淡固在趣味，浓而不滞，淡而不浸，却有品格高下。

笔法墨法，有天资存乎其间。如俗所谓“智慧笔头”，言外之意便是学力不够。取材布局，正尚天资。于粗处见工，细处见力，小中见远大，大中见结密，然后有味。然正非天才与功力不办。

解：粗处见功，意为不粗鄙；细处见力，意为不轻浮；小中见大，意为胸襟大；大中见密，意为不放荡。

世俗做人贵圆通，遂少方人；作草无方骨，遂少佳草。

解：《十七帖》笔笔有方意，《智永千字文》草书则圆多方少。

医家谓人之所嗜，往往即其体内所缺乏者。我谓学艺所师，即其个性所相近者。学书者每以选帖质人，其实此等事正是讨老婆。父母之命，媒妁之言，只可算旁人给你的一种参考。百年好合，总须自由恋爱。

解：当代人选帖，一为势利心太盛，必欲夺人眼球；一为燕瘦环肥，容易挑花眼。朝三暮四，畏首畏尾，剩男剩女遂多。

看见一种帖就去学，等于初与一个女子接触就爱上，欲订白头之约。将来难保，其危险正同。

解：所以闪婚不宜提倡。

理直则气壮。作书笔有力则气自沉雄，沉雄两字极妙，但有力非火气之谓。夹杂火气，则不能沉雄而为伧俗。

解：理不直而气壮，如泼妇骂街。

做人巧，不取，此易知；作字巧，不取，此不易知。书之拙趣，尤少解人。

解：大巧若拙，过巧必俗。

求筋力学周秦，求气韵学魏晋，求法则学唐人。

解：真理。

所谓筋，便是纫字意；所谓力，便是骨字意。锥画沙指骨；折钗股指筋。唐太宗云："求其骨力而形势自生。"形势二字，与气韵相生。

解：纫字意，殊不可解。纫有搓、捻之意。"纫"或为"韧"。

前贤谓古人意在笔先，故能举止闲暇；后人意在笔后，故手忙脚乱。

解：过来人语。

《书谱序》草书，唯一美中不足为过于信笔，同字少变。

解：《书谱》似抄书，不甚留心整体。

不求速成，是不近功；不欲人道好，是不近名。仙童乐静，不见可欲，是学艺之不二法门。所以谓之为学求益，非善之善者也。

解：仙童乐静，不见可欲，语出《述书赋》："二王变古，法有所属。兢兢秀之，敛翰谨束。如仙童乐静，不见可欲。"

黄伯思之《东观余论》，姜尧章之《续书谱》，其言岂不精醇？然书法无大名，流传尤寡，信善鉴者不书耶？析古来书家，名在简册，书不传者多矣。余又尝谓书固当以人传，不当以书传。唐、宋诸贤，学术经济，彪炳千古，曾未以书名。今观其书，几无不精能。即今世俗所传代作者，其生时文章事业，亦俱卓卓。益叹世人专以区区一艺为高，末矣。

解：立志为一书家，终为小志。即白蕉本人，亦颇有用世之志，不意晚岁专做一书画家，犹受尽磨难，奈何！

临池剩墨

（据《永安》影印文件，由王浩州先生提供）

当代书家白蕉先生，整理其历年关于书法问题之讲稿，辑为书法问题十讲，后附云间言艺录，中分三部：（一）济庐艺言；（二）临池剩墨；（三）云间随笔。（一）昔年已经发表于光华校，其余二者，外间未窥全豹，因请发表于本刊，内容皆为先生之心得，弥足珍贵，全书杀青尚有待，本刊读者，真以先睹为快矣。——编者（即《永安杂志》编者）

作书力在内者王，力在外者霸。若过于鼓努为力，肆为雄强，则张脉偾兴，将如泼妇骂街，成何书道。

解：“义立而王，信立而霸”，王在仁，霸在法。此借王霸说劲力内敛与鼓努为力。《左传·僖公十五年》：“乱气狡愤，阴血周作，张脉偾兴，外强中干。”杜预注：“气狡愤于外，则血脉必周身而作，随气张动。”今世“老干体”，往往有青筋暴胀之感。

臨池賸墨

白蕉

當代書家白蕉先生，整理其歷年關于書法問題之講稿，輯爲書法問題十講，後附雲間言藝錄，中分三部：（一）讀書藝篇（二）臨池賸墨（三）雲間隨筆（一）昔年已經發表於光華校，其餘二者，外間未窺全豹，因請發表於本刊，內容皆爲先生之心得，彌足珍貴，全書殺青尚有待，本刊讀者，眞以先覩爲快矣。——編者——

作書力在內者王。力在外者霸。蓋過於鼓努爲力，肆爲雄強，則張脈賁興，將如潑婦罵街，成何書道。

運筆能發能收，只看和尚手中鐃鈸；空中擲力，只看薙頭司務執刀。

孫虔禮云：「學之者貴精，擬之者貴似。」此故是臨習初步。蓋臨書始欲像，終要不像；始要無我，終要有我；始欲能取，終要能舍。唐人無不學右軍，宋人無不學魯公，及其成也，各具面目。魯公師河南，然魯公絕非河南，正在其能翻一局，所謂智過其師，方名得髓也。東坡稱得於顏魯公，正會其妙能變化。若錢南園之學顏，則正又僧皎然所謂鈍賊者也。

南園於舉世靡靡之時，獨勵大力，正是偉岸，燕啼鶯咤中着一關西大漢，實未可少，惟嫌不善變耳。

露鋒所以習氣，用筆欲渾欲澀。其實藏鋒便是中鋒，九勢所謂令筆心常在點畫中行者是也。後人所謂錐畫沙，折釵股，如折壁，屋漏痕，端若引繩者，故是一理。惟渾而能澀，則精神出矣。

筆偃則鋒偏，筆扁則鋒偏，蘇趙以取意，文祝以取態，皆懸札可棄。

或以偏鋒解作側鋒，非也。側筆之力，仍在畫中，因勢取妍，所以避直而失力也。玩鍾王帖，可悟此理。旭素草書，亦時有一二。

柳深於十三行，米深於枯樹賦，消息似可見。

有一字的布白，有字與字之間的布白，有整行乃至整幅的布白。此即古人小九宮大九宮取義所在，亦即隔壁取勢之說。合整幅爲布白者，三代金文中多見之，散氏盤爲著，十三行則後來媲美。然此正所謂同自然之妙，初非有心爲之。否則如歸方評史記，直使人死於筆下。

金文之不合全章爲章法者，其行法絕精。晉人書牘，行法似疏實密。學者留意於此，可以悟入。今人書牘無可觀者，於此等處正復少用心。

作書分間布白，行法章法，魏晉人最妙。宋人尚多謝意。明以來鮮究心。此實有關氣味者。

計白當黑一語，肯小篆，唐隸，六朝碑最似，若泛言作書，則未盡然。

觀爨寶子正不必驚其結體之奇，當悟其重心所在。字有重心，則雖險而不危。盧舟所謂「立柱」，即指每字當有主筆；蓋柱立而中心見，有中心而後可言飛動也。

讀古人文章，在停蓄跌宕處，總覺玩味無窮，悠然意遠，非行乎其所不得不行，止乎其所不得不止，兩語所可賅。作書亦有跌宕處，筆不使盡，若有情，若無情，欲行不進，欲語還休，別有一種嫵媚之致。然此境界止庖丁所謂以神行，非以目遇，未可強求。

作書用筆，方圓並參，無一路用方，一路用圓者。方多用頓筆、翻筆，圓多用提筆、轉筆。正書方而不圓，則無蕭散容逸之致；行草圓而不方，則無凝整雄強之神。此交相爲用，似相反而實相成者也。

一波三折，此言磔意。或言三折法：凡欲右先左爲一折，右往爲二折，至盡處收迴爲三折，作橫畫是也。欲下先上爲一折，注下爲二折，仍縮迴爲三折，作直畫是也。欲左先右爲一折，左拖爲二折，臨出鋒稍停頓爲三折，作撇是也。此三筆，首二折即爲逆入法，學者不知，亦自能暗合，第三折則即米老「無往不收，無垂不縮」之意，惟作撇而言臨出鋒稍停頓爲之，則是說完白撝叔一路六朝字矣。

用筆太露鋒芒，則意不持重；不但意不持重，實是意盡勢盡，意盡勢盡，則味亦盡矣。

魯公多寶塔，整齊而不局促，舒和而含勁氣，宜爲後世干祿所宗。若言其結構形貌，實是梁隋人寫經體一路。

唐以詩取士，故詩學蔚爲一代文學特色；帝王能書者多，故書亦特別發達。今人學書三年，動自命爲書家，倘一觀唐代不以書名者之尺牘，直宜愧死。

昔人有狀王、顏、張、米諸家之書者云：右軍似龍，大令似蛟，魯公似象，張旭似蛇，懷素似犀，南宮似虎，東坡似熊，子昂似蛛，枝山似兔，香光似鶴，誠爲妙思譬喩。

棋差一着，滿盤皆輸，似正脫寫蘭一筆不合，全紙皆廢也。我意學王書亦正復如是，着一敗筆，即覺從紙上跳出，直刺入眼。不似學六朝石工陶匠之字，三月便可欺人也。

工部時能重、能拙、能大，學者能重、能大矣，而不能拙，拙實不易至。元常書工妙之至，而拙如不能。逮右軍，便不見此面目矣。

惟拙則厚，巧斯薄矣。

東漢變隸爲分，爲書學上之一大進步。亦正見得當時用毛筆，已加進步，一如我人之圓管齊鋒矣。

「江南足搨，不若河北斷碑。」翰林此言，已啓芸臺。南北書派

—28—

运笔能发能收，只看和尚手中铙钹；空中着力，只看剃头司务执刀。

解：和尚打击铙钹，用力巧妙；理发师傅刮光头，真可谓精准。

孙虔礼云："学[察]之者尚精，拟之者贵似。"此故是临习初步。盖临书始欲像，终要不像；始要无我，终要有我；始欲能取，终要能舍。唐人无不学右军，宋人无不学鲁公，及其成也，各具面目。鲁公师河南，然鲁公绝非河南。正在其能翻一局，所谓智过其师，方名得髓也。东坡称书至于颜鲁公，正善其妙能变化。若钱南园之学颜，则正是僧皎然所谓钝贼者也。

解：《济庐艺言》中已讲过。

南园于举世靡靡之时，独动大力，正是伟岸，燕啼莺咤中着一关西大汉，实未可少，惟嫌不善变化耳。

解：俞文豹《吹剑录》：相传苏轼官翰林学士时，曾问幕下士："我词何如柳七？"幕下士答曰："柳郎中词只合十七八岁女郎，执红牙板，歌'杨柳岸晓风残月'。学士词须关西大汉，铜琵琶、铁绰板，唱'大江东去'。"

藏锋所以蓄气，用笔欲浑欲遒。其实藏锋便是中锋，《九势》所谓令笔心常在笔画中行者是也。后人所谓获画沙、折钗股、如拆壁、屋漏痕，端若引绳者，故是一理。惟浑而能遒，则精神出矣。

解：藏锋即是中锋，中锋亦并非笔尖必在点画正中间，即中即侧，才可以保证笔心常在笔画中行。后世“藏锋”又专对起笔而言，欲横先竖，欲竖先横，铺毫发力，便是藏锋。教科书中画三角式的所谓藏锋起笔，并不存在，至少，不可机械理解。端若引绳，或言直，姜夔《续书谱》云：“悬针者，笔欲极正，自上而下，端若引绳。”或言用笔，王澍《论书剩语》云：“中锋者，谓运锋在笔画之中，平侧偃仰，惟意所使，及其既定也，端若引绳。如此则笔锋不倚上下，不偏左右，乃能八面出锋，笔至八面出锋，斯施无不当矣。”白蕉当用王澍所说。

笔偃则锋偏，笔扁则锋偏，苏赵以取意，文祝以取态，皆恶札可弃。

解：二王笔致多变，全在运笔过程中略无平拖，即转即折。后世故意用偃笔、扁笔，古法渐失，不免有媚人求好之心。

或以偏锋解作侧锋，非也。侧锋之力，仍在画中。因势取妍，所以避直而失力也。玩钟王帖，可悟此理；旭素草书，亦时有一二。

解：并无偏锋之法，亦无绝对中锋之法。处处中锋，亦即处处侧锋，总之笔尖在画中行。或以平刷之法写小篆，谓是引书古法，实则美术字而已。画无不曲，体无不正。

柳深于《十三行》，米深于《枯树赋》，消息似可见。

解：洞幽烛微，明察秋毫。

有一字的布白，有字与字之间的布白，有整行乃至整幅的布白，此即古人小九宫大九宫取义所在，亦即隔壁取势之说。合整幅为布白者，三代金文中多见之，《散氏盘》为著，《十三行》则后来媲美。然此正所谓同自然之妙，初非有心为之。否则如归方评《史记》，直使人死于笔下。

解：一切布白之法，最终不过自然。今世有故意支离其字、浓淡其墨而自鸣得意者，实大可鄙笑。归，归有光，归震川；方，方苞，方望溪。二人皆治《史记》。王拯纂《归方评点史记合笔》，记录的红黄蓝紫圈点等等，令人一看即头晕。

金文之不合全章为章法者，其行法绝精。晋人书牍，行法似疏实密。学者注意于此，可以悟入。今人书牍无可观者，于此等处正复少用心。

解：行法，一行书写安排之法。一字布白，称为结字；一篇布白，称为章法。一行布白，例无统一名称，用“行法”二字，甚好。晋人尺牍“似疏实密”，最可玩味。临写二王帖，行法无不妙，而自运则不免凋疏。字距小一定挤，而不一定“密”，其中有充沛的力量感。

作书分间布白，行法章法，魏晋人最妙。宋人尚多置意。明以来鲜究心。此实有关气味者。

解：盖愈往后世，人与自然相通的能力愈低，元气愈薄。

计白当黑一语，言小篆，唐隶，六朝碑最似，若泛作言书，则未尽然。

解：想二王尺牍，何曾有一“计”字。

观《爨宝子》正不必惊其结体之奇，当悟其重心所在。字有重心，则虽险不危。虚舟所谓“立柱”，即指每字当有主笔；盖柱立而中心见，有中心而后可言飞动也。

解：虚舟，大概指王澍，未检其《虚舟题跋》《竹云题跋》。我总是怀疑，《爨宝子》作者不能隶书而强为之，遂成此模样。

读古人文章，在停蓄跌宕处，总觉玩味无穷，悠然意远，非行乎其所不得不行，止乎其所不得不止两语所可赅。作书亦有跌宕处，笔不使尽，若有情，若无情，欲行不进，欲语还休，别有一种妩媚之致。然此境界正庖丁所谓以神行，非以目遇，未可强求。

解：苏轼《答谢民师书》论作文之法：“大略如行云流水，初无定质，但常行于所当行，常止于所不可不止，文理自然，姿态横生。”笔不使尽，势不用尽，举重若轻，欲留还行。

作书用笔，方圆并参，无一路用方，一路用圆者。方多用顿笔、翻笔，圆多用提笔、转笔。正书方而不圆，则无萧散容逸之致；行草圆而不方，则无凝整雄强之神。此交相为用，似相反而实相成者也。

解：交相为用，要在不故作。

一波三折，此言磔意。或言三折法：凡欲右先左为一折，右往为二折，至尽处收回为三折，作横画是也。欲下先上为一折，注下为二折，仍缩回为三折，作直画是也。欲左先右为一折，左拖为二折，临出锋稍停顿为三折，作撇是也。此三笔，首二折即为逆入法，学者不知，亦自能暗合，第三折则即米老“无往不收，无垂不缩”之意，惟作撇而言临出锋稍停顿为之，则是说完白、㧑叔一路六朝字矣。

解：横、竖亦为三折，好！六朝书，指魏碑，与隶书近，隶书中撇画，往往回锋；楷书中偶尔有回锋撇。楷书中悬针竖、斜撇，临出锋，也往往稍顿，直锋而出，大概也可理解为三折。

用笔太露锋芒，则意不持重。不但意不持重，实是意尽势尽，则味亦尽矣。

解：艺事以含蓄为上，不独书法为然。

鲁公《多宝塔》，整齐而不局促，舒和而含劲气，宜为后世干禄所宗。若言其结构形貌，实是梁、隋人写经体一路。

解：干禄，求取利禄，如科举考试。写经、碑榜，为下层文人事，最初文人学士不屑为之。至唐代，写经体、铭石体与文人书合流。

唐以诗取士，故诗学蔚为一代文学特色；帝王能书者多，故书亦特别发达。今人学书三年，动自命为书家，倘一观唐代不以书名者之尺牍，直宜愧死。

解：何须看唐代，即看民国时期文档资料一般工作人员手书，当代书家，大都会愧死了。

昔人有状王、张、颜、米诸家之书者云：右军似龙，大令似蛟，张旭似蛇，鲁公似象，怀素似犀，南宫似虎，东坡似鹰，子昂似蝶，枝山似兔，香山似莺。诚为妙思隽喻。

解：越往后，真力越小。

棋差一着，满盘皆输。似正说写兰一笔不合，全纸皆废也。我意学王书亦正复如是。着一败笔，即觉从纸上跳出，直刺入眼。不似学六朝石工陶匠之字，三月便可欺人也。

解：速成的“名家”，要么描眉画眼，以工艺胜；要么装疯卖傻，说是质朴。

工部诗能重、能拙、能大，学者能重、能大矣，而不能拙，拙实不易至。元常书工妙之至，至于如不能。逮右军，便不见此面目矣。

解：大巧而不弄巧，即是拙，故曰大巧若拙。一生机心，便不能拙。不能巧，更不能拙。

惟拙则厚，巧斯薄矣。

解：装拙装厚，其薄尤甚。

东汉变隶为分，为书学上之一大进步。亦正见得当时用笔，已加进步，一如我人之圆管齐锋矣。

解：约至两汉间，笔的表现力始完备。

“江南足拓，不若河北断碑。”翁林此言，已启芸臺。《南北书派论》《北碑南帖论》，则又启慎伯之尊碑抑帖，长素之尊碑卑唐论。其实翁林之言，盖致慨于帖本之多翻刻，芸臺之创论，本质属于考证，议论亦尚持平，至慎伯、长素，则大有卖野人头，不知所云之慨。

解：翁林，即王澍。芸臺，即阮元。慎伯，即包世臣。长素，即康有为。“卖野人头”一语，令人发笑，大概是方言，指虚张声势吓人骗人。《广艺舟双楫》可谓第一本有现代学术精神的书学著作，然而，“卖野人头”的架势也不小，令人生厌。

邓完白篆刻自成一家。其书深于功力。篆书面目自具，虽古意不足，毕竟英雄能自树立；隶书入手太低，无一点汉人气息，比之钱梅溪略胜一筹而已。包慎伯文章议论，远在其书法之上，然其好作玄论，故示神秘，最为可厌。其书中年由欧颜入手，转及苏董，志气已低；其后肆力北魏，晚年又专习二王。其墨迹，小真书稍可观，草书用笔，一路翻滚，大是卖膏药好汉表演花拳模样。康长素本是狂士，好作大言欺俗。其书颇似一根烂绳索。尝见乡先哲杨荫安尺牍一通，有云：其人自号驾孔，有弟子二人，一号胜回，一号轶赐，赴会试“大哉孔子”题，康文结云：安知数千年后，更有大于孔子者。其人狂妄如此，殆盆成括之流亚欤。驾孔当即是长素之误，胜回、轶赐，殆当时必有此说，读之可发一笑。记此聊资谈助。

解：白蕉说包世臣“卖膏药好汉表演花拳模样”，康有为“颇似一根烂绳索”，不太敦厚，但又十分传神。驾孔，凌驾于孔子。胜回，胜过颜回。轶赐，超过端木赐，即子贡。盆成括，姓盆成，名括，齐人。《孟子》载，盆成括仕于齐，孟子曰：“死矣盆成括！”盆成括见杀，门人问曰：“夫子何以知其将见杀？”曰：“其为人也小有才，未闻君子之大道也，则足以杀其躯而已矣。”

包康论书，喜言某出自某之源流论，孽源法乳，言之似凿凿有据，实则疏于史学，多荒谬可哂。自后论书者每好以己见作源流宗派论，亦是风会使然。

解：读《广艺舟双楫》之《体系》《导源》，即知康氏之信口开河。似唐以降书法，皆导源于魏碑，强词夺理，诚可谓强史就我。

作书要笔笔分得清，笔笔合得浑。分得清，然后见天骨开张；合得浑，然后见气密神完。于转换处见留笔，能留笔即知腕力。抽刀断水水更流，则所谓端若引绳者矣。舞剑斗蛇，莫非此理。

解；分得清，在不苟且。合得浑，在不失势。只有分得清，才能合得浑。

侧笔取势，亦从合得浑来。风竹相迎相亚，忽迫忽避，是钟王得意处，是魏晋之韵。

解：无一笔不为取势，点画都在势中。风竹相亚，时时处处有张力。

“起不孤，伏不寡。”此蔡伯喈妙语。运笔结构，分间布白，一字如此，一行如此，全章如此，不然即断气矣！

解：起不孤，伏不寡，传王羲之《记白云先生书诀》亦有此语。起，盖为开张；伏，盖为收敛。如“十伏五起”。可参下一条理解。

为人孤独不得，家人中有一孤独者即觉别调，失一和字。作字有一篆[笔]孤独，有一字孤独，即不入调，有一不入调，即断气失势也。

解：可参上一条理解。

能发能收，自倒自起，即是通身是力之故。故遒劲非怒，迟留非滞。

解：通身是力，故不须使尽，乃能发能收。

为人贵真，作字亦贵真。真者，不做作；做作，便不真。愈做作，愈讨厌。所以讨厌，在形迹之外，尚有欺人思想也。政黄牛曰："字心画也，作意则不真。每求儿童书以观其神气。"儿童书何可取？有何神气，曰真也。

解：不做作，知之非艰，行之维艰。古人妙迹，多有意无意间得之，今人安得无意。余每闻"创作"二字，即不喜。政黄牛，惟政(986—1049)，一作惟正。俗姓黄，字焕然，秀州华亭(今上海松江)人。幼从临安北山资寿本如肄业，师惟素禅师。住余杭功臣山净土院。出入常跨黄牛，世称"政黄牛"。

笔有缓急，墨有润燥。缓则蓄，急成势；润取妍，燥见险，得笔得墨，而精神全出矣。

解：急易缓难，燥易润难。

书道自古隶以上无指法，分书逗挑，腕力以外，渐见指法矣。羲之云："执笔在手，手不主运；运笔在腕，腕不知执。"此言运腕之要，亦即得心应手，心手相忘之境。于技术意义，或嫌含浑，山谷云："心能转腕，手能转笔，书字便如人意。"对初学言醒醒豁。

解："古隶以上无指法"，恐不尽然。先秦简牍墨迹，笔致变化也是有的，只不过不如汉隶那么"自觉"罢了。指腕各有作用，而写字时，当然要心手相忘。

祖太保见卫玠，谓此儿有异；谢公许褚期生以必佳；和峤有栋梁之用；羊叔子何必减郭太业，此莫非是一种气象。气象最紧要，亦是无假借。书亦是如此。

解：祖太保，指卫玠祖父卫瓘，官至太保。《晋书》载，卫玠字叔宝，年五岁，风神秀异。祖父瓘曰："此儿有异于众，顾吾年老，不见其成长耳！"总角乘羊车入市，见者皆以为玉人，观之者倾都。谢公，谢安。褚期生，褚爽。《世说新语》载，褚期生少时，谢公甚知之。恒云：褚期生若不佳者，仆不复相士。"和峤，晋武帝时官至中书令。《晋书》载，庾觊称之："峤森森如千丈松，虽磥砢多节目，施之大厦，有栋梁之用。"羊叔子，羊祜。郭太业，郭弈。《世说新语》载，羊公还洛，郭奕为野王令。晋诸公赞曰："奕字泰业，太原阳曲人。累世旧族。"奕有才望，历雍州刺史、尚书。羊至界，遣人要之。郭便自往。既见，叹曰："羊叔子何必减郭太业！"复往羊许，小悉还，又叹曰："羊叔子去人远矣！"羊既去，郭送之弥日，一举数百里，遂以出境免官。复叹曰："羊叔子何必减颜子！"足见羊祜魅力。气象，犹言风度、气质。

或问先生言气象，若班定远燕颔虎颈，羊欣婢作夫人非耶？曰：正是谓此。隆中决策，扪虱而谈，此气象正复伟岸闲逸。若村姑作态，浓抹胭脂，总是一股恶俗气；而朱粉不施，荆钗布裙，或愈见美人丰采。是以字匠绝不能入书家，犹东施之不能为西施也。

解：班定远，班超，封定远侯。《后汉书》载，班超“生燕颔虎颈，飞而食肉，此万里侯相也”。羊欣为王献之甥。袁昂《古今书评》称：“羊欣书如大家婢为夫人。虽处其位，而举止羞涩，终不似真。”隆中决策，谓诸葛亮隆中对。扪虱而谈，指晋人王猛。《晋书》载：“桓温入关，猛被褐而诣之，一面谈当世之事，扪虱而言，旁若无人。”自王侯将相至村姑荆钗，各有气象。唯真率方有气象，一做作，便恶俗。

米南宫云：“随意落笔，皆自然备其古雅。”随意二字，正不易言。昔人谓谢安掩鼻，便有山泽间仪，“便有”二字，亦正是自然。逸少东床袒腹，故别于诸子矜持耳。

解：《世说新语》载，谢车骑（玄）道谢公（安）：“游肆复无乃高唱，但恭坐捻鼻顾睐，便自有寝处山泽间仪。”谢安可能有鼻炎，时有掩鼻的举动。如：“初，谢安在东山居，布衣，时兄弟已有富贵者，翕集家门，倾动人物。刘夫人戏谓安曰：‘大丈夫不当如是乎？’谢乃捉鼻曰：‘但恐不免耳！’”矜持，便不自然；放下，便得自然。像王羲之东床坦腹，可谓不矜持。

学书有三阶段。昔年予尝言：学书始欲像，终欲不像；始欲无我，终欲有我。学者以予言简，适见黄彦和录《倪氏杂记笔法》一节，语有甘苦，与予意合，今参酌而详言之：所谓像与无我，此初段功夫，所贵有宗主，宜立脚跟，专一习之，沉酣其中，务使笔笔相似，使人望而知其法乳。纵有谏我谤我，不为之动。是时或有一笔一画，屡为之而不能合辙，如触墙壁，全无入处，不可灰馁，仍当坚心猛志，勤功向前。相成之法，可取一种碑帖习几时，再返而之夙所奉为宗主者，至时将觉此际一番眼力与前不同，而转阻转变，转变转入，转入转妙，米老自谓集古字，正是其功夫到处。至中段功夫，可泛涉心喜之各代或渊源相近之各家碑帖，当其习时，诸家形型，时或引我而去，我又须步步回头顾祖，将诸家之长，点滴归源，庶几不为所诱，此正所谓（疑脱“泛”字）涉以尽其变，有主以会其归也。终段功夫，我既有宗主，守定家法，又出入各家，如此写之不休，到熟极处，突然悟门大开，层层透入，洞见古人精奥，我之笔底，迸出天机，变动挥洒，回视初时宗主，在不缚不脱之境，而我之面目出矣。

解：此是度人金针、无等等咒。欲为书家，读此段文字，即得津梁。恨予见之晚，见之又不能恳而习之也。黄彦和，不详。《倪氏杂记笔法》，清初学者倪灿著作，没有见过。

云间随笔

作书要笔笔分得清，笔笔合得浑。分得清，然后见天骨开张；合得浑，然后见气密神完。于转换处见留笔，能留笔即知腕力。“抽刀断水水更流”，则所谓端若引绳者矣！舞剑斗蛇，莫非此理。（重见）

侧笔取势，亦从合得浑来。风竹相迎相亚，忽迫忽避，是钟王得意处，是魏晋之韵。（重见）

古今来艺术家性气最傲，常自命为独绝而鄙薄他，其实各有成就，正何需此！大凡胸不能高旷，正于艺事有影响，不独其傲慢之取人厌而已！《宋史·刘忠肃》每诫子弟，有“一命为文人，便无足观”之叹。今人满面孔画家，真可丑恶！昔贤曾云：“终身让路，不失尺寸。”真有道之言。

解：有真本事，不妨傲。然而傲在艺术，不傲在为人。当今所谓书画家，往往艺术水平越低者越傲，乃诡诈之术，借以忽悠耳。

“起不孤，伏不寡”，此蔡伯喈妙语。运笔结构，分间布白，一字如此，一行如此，全章如此，不然即断气矣！（重见）

为人孤独不得。家人中有一孤独者即觉别调，失一和字；作字有一笔孤独，有一字孤独，即为不入调。有一不入调，即断气失势也！（重见）

能发能收，自倒自起，此即通身是力之故。故遒劲非怒，迟留非滞。（重见）

为人贵真，作字亦贵真。真者不做作，做作便不真，愈做作愈讨厌。所以讨厌，在形迹之外，尚有欺人思想也。宋政禅师曰：“字心画也，作意则不妙耳；故喜求儿童字，观其纯气。”儿童字，何可取？有何纯气？曰：真也。（重见）

笔有缓急，墨有润燥。缓则蓄，急成势；润取妍，燥见险。得笔得墨，而精神全出矣。（重见）

或问先生言气象，若班定远燕颔虎颈，羊欣婢作夫人非耶？曰：正是谓此。隆中决策，扪虱而谈，此气象正复伟岸闲逸。若村姑作态，浓抹胭脂，总是一股恶俗气；而朱粉不施，荆钗布裙，或愈见美人丰采。是以字匠绝不能入书家，犹东施之不能为西施也。（重见）

今人作草，随意用笔，任笔赋形，失误颠错，如过庭所谓当联者反断，当断者反续，不识向背，不知起止，不悟转换，其实乃未知所以取法，而更眩为新奇也。

解：不识草法，一病；务为钩连，一病；不知用笔，一病；做作设计，一病；装疯卖傻，一病。

米南宫云："随意落笔，皆自然备其古雅。"随意二字，正不易言！昔人谓谢安捻鼻，便有山泽间仪，"便有"二字，亦正是自然。逸少东床袒腹，故别于诸子矜持耳。（重见）

学书有三阶段。昔年予尝言：学书始欲像，终欲不像；始欲无我，终欲有我。学者以予言简。适见黄彦和录《倪氏杂记笔法》一节，语有甘苦，与予意合，今参酌而详言之：所谓像与无我，此初段功夫。所贵有宗主，宜立脚跟，专一习之，沉酣其中，务使笔笔相似，使人望而知其法乳。纵有谏我谤我，不为之动，是时或有一笔一画，屡为之而不能合辙，如触墙壁，全无入处，不可灰馁，仍当坚心猛志，勤功向前。相成之法，可取一种碑帖习几时，再返而之夙所奉为宗主者。至时将觉此际一番眼力，与前不同。而转阻转变，转变转入，转入转妙。米老自谓集古字，正是其功夫到处。至中段功夫，可泛涉心喜之各代或渊源相近之各家碑帖。其习时，诸家形型，时或引我而去，我又须步步回头顾祖，将诸家之长，点滴归源，庶几不为所诱。此正所谓（疑脱"泛"字）涉以尽其变，有主以会其归也。终段功夫，我既有宗主，守定家法，又出入各家，如此写之不休，到熟极处，突然悟门大开，层层透入，洞见古人精奥，我之笔底，迸出天机，变动挥洒。回视初时宗主，在不缚不脱之境，而我之面目出矣。（重见）

凡艺事初事学习，如食物然，先入口，能受也。及沉浸其中，酊酩有味，则入胃肠，贵能消化也。能消化谓吸取物之精华，为我身之益。我未见多食猪肉而成猪腔，亦未见多食牛肉而成牛精也！

解：皮相沿袭，亦且不易，能消化，谈何容易？如不知法，杂学无益。

延祐五年，吴郡沈右为彦清题怀素《鱼肉帖》云："怀素书所以妙者，虽率意颠逸，千变万化，终不离魏晋法度故也。后作草皆随俗缴绕，不合古法，不识者以为奇，不满识者一笑！"此是见道之言。东坡题王逸少帖诗云："颠张醉素两秃翁，追逐世好称书工，何曾梦见王与钟，妄自粉饰欺盲聋，有如市倡抹青红，妖歌曼舞眩儿童。谢家夫人淡丰容，萧然自有林下风，天门荡荡惊跳龙，出林飞鸟一扫空。为君草书续其终，待我他日不匆匆。"嬉笑怒骂，故是当行快语！学者于龙、空、匆三韵，宜深体味。今世人作草，个个芦茅草团，如言满眼藤蔓，或春蚓秋蛇，尚觉非是耳。

解：孙过庭谓"伯英不真，而点画狼藉"，但看草书中有无点画，即知是否真知草书。

执高腕灵，掌虚指活，笔有轻重，力无不均。

解：执笔高低，固然与写字大小相关。一般说“指实掌虚”，此处却说“掌虚指活”，留等他日领悟。此语《兰题杂存》中为：“执高腕灵，掌虚指活，笔有轻重，力无不均。四语自谓颇尽撇叶之秘。”

学章草由篆隶沙简入，学散草由楷行入。此两途，未可别立异说也。然学钟王楷行，自欧虞入，故是一路。而中间过程，帖与《圣教序》，则必须致力者要在终能换去面目。否则学之者多，见之过稔，便贻讥俗书耳。

解：学章草由篆隶简牍入手，自是至言。学散草由楷行入，可以，但又不可不参章草，参章草则古味浓厚。自欧虞上溯钟王楷行，就是白蕉自己走过的道路。《圣教序》固然是学王羲之行书必学之帖，然而专务于此，不免不新鲜。古代已有“院体”，千人一面，便贻讥俗书耳。

草书不从晋人入，终无是处。

解：米芾说：“草书若不入晋人格，辄徒成下品。”

草书大别为章草、散草、连绵草三种。而章草实为我国早期之简体字。晋人草书书法，字多个别，而气脉贯注。其字迹相连者，不过二三字，所谓散草也。前人因欲别于章草，亦称今草。旭素而后，盛行连绵草，而草法遂坏。世誉草书之美，每曰“铁画银钩”，余谓此四字正见匠气，非所以知晋人草法，差是形容其纯熟有骨力耳。

解：僻乡不知草书之名，呼为“连笔字”，为连而连，则陷于恶俗。

余于书不薄颜柳，而心实不喜。论其楷则以颜有俗气，柳有匠气。米南宫云：“颜柳挑踢，为后世丑怪恶札之祖，从此古法荡然无遗矣！”实非过语。然颜柳书佳者，如《三表》《争座位》《祭侄稿》《鲍明远》《马病》《鹿脯帖》，实襄阳所师。余尝谓颜书正楷大字，除雍容、阔大、严厉，有廊庙气象而外，别无好处。《多宝塔》为举子干禄所法，原属梁隋人一路写经体。行书如《三表》诸帖，其甜使人爱，实亦轻易误人。至何子贞书《金陵十二咏诗》，必圈令如《争座帖》《祭侄稿》，亦可哂矣。

解：颜真卿《三表帖》无墨迹，只有刻帖传世。以刻传刻，恐过于失真，略感甜俗。没有见过颜真卿《鲍明远帖》，可能是《蔡明远帖》之误，此帖如熔金出冶，实可赞叹。《马病帖》《鹿脯帖》，皆为致李光进信札，亦皆可观。《多宝塔碑》确实为写经一路。至于《争座位帖》《祭侄稿帖》，彪炳千古，书法极则，岂能以“其甜使人爱”一语概之？复翁不喜颜书，此论未公。至于何绍基《金陵十二咏诗》，没有见过。大抵草稿涂乙，固宜出于自然，若故为圈点，也便可哂矣。

余早岁临池，夙以之自负。遇得意，自钤《晋唐以后无此作》印，狂态可掬。然迄今未敢以此席让人。

解：复翁狂态，令人亲爱。平心而论，复翁的历史地位，不及赵、董，无论苏、米。即深入二王，犹不及王铎远甚。然而赵、董拘束，不免辕驹之讥，复翁固不屑也。

摹得形质，临在形质与情性，看、背则情性兼形质。

解：自省少时未尝摹书，至今未能多临书，能看不能背，因以无成，奈何！

凡为艺，一矜持便是过。矜持虽非做作之谓，然已不复见真精神流露矣！我非不喜穿新衣服，但穿之身上，处处令我不便，因有惜物之心存也。必如宋元君解衣盘礴，庖丁不见全牛乃可。若名笔在手，佳纸当前，略存谨慎，便尔矜持，遂损天机矣！

解：宋元君解衣盘礴，出《庄子》：宋元君将画图，众史皆至，受揖而立，舐笔和墨，在外者半。有一史后至者，儃儃然不趋，受揖不立，因之舍。公使人视之，则解衣盘礴，裸袒握管。君曰："可矣，是真画者也。"庖丁解牛，亦出《庄子》，耳熟能详。穿新衣不免矜持，人同此心。名笔佳纸，或师长在旁，作书皆难如意。惜物之心、求好之心，皆为矜持。世人故为生拙支离荒率之书，满纸皆是做作，又在矜持之外。

黄鲁直云："书欲拙多于巧。近世少年作字，如新妇之妆梳。百种点缀，终无烈妇态也！"余谓近世书人，亦多巧匠。作篆隶无一笔入古，正坐此病。学帖尤忌如新妇妆梳。赵董二文敏作书，欲直接晋人，其心何尝不雄，其行楷何尝不词不美。但赵固似娼妓，董亦无烈妇态。固知其品性不同，而就而言，亦缺深沉也。

解：赵孟頫乏晋人逸气，然功力极深；董其昌气格卑弱，而颇能灵秀。复翁薄之，无乃过甚。

书学上有碑帖之分。然世俗初学，必由碑入，此于理正自暗合，转而入帖，乃见成功。我尝谓在历史上言，帖为碑之进步；在学书上言，碑是帖之根基。未可如安吴、南海一辈，有奴主之见，好奇之谈。若言碑帖大别，有可得而言者：碑沉着端厚，重点画，气象宏肆；帖稳秀清洁，观使转，气象萧散不群也。萧散二字，最好解释，正是袒腹东床，别于诸子矜持。

解：金石之书，庄重其事，不免矜持。不重则不威，故宜先学碑版。然而过于矜持，则为工艺。刻鹤图龙，殊少情性。今日展览中，铁线篆、中山王字等，乃大行其道，矜持已极，复翁不及见之也。

学帖大弊，在务为侧媚。侧媚成习，所以书道式微也。我国书法，衰于董赵，坏于馆阁，所谓忸怩局促，无地自容。陆梦云云："处女为人作媒，能不语止羞涩。"此所以诫学者取法赵董为下也。项穆言："书有三戒：初学分布，戒不均与欹；继知规矩，戒不活与滞；终能熟练，戒狂怪。"数语甚简要。科举功名，影响于书道，病在太均。故明人小楷，精而无逸韵。

解：前辈知书者，教人学书，不取唐以下。一经学近人，回头太难。

唐隶之不可学，亦是太均。右军云：“平直相似，状如算子，上下方整，前后齐平，便不是书，但得点画耳。”故要在点画以外，自有气魄体息。至唐人草书，不可为训，则以流于狂怪也。

解：艺事盛极而衰，诸体皆是。唐隶远不及汉隶，要在异代不同时，不复汉人雄浑天成。《淳化阁帖》中，有张旭草书，寄王献之名下者，少一种萧散，多一种狂躁，亦时代限之耳。怀素草书，如《食鱼》《苦笋》《论书》，近于羲献，亦少一种遒劲厚道。旭素狂草，为另开一门，狂怪或亦有之，然而不狂怪，亦无旭素矣。

唐人无不学右军。欧、虞、褚、薛四家，称各得圣人之一体，然颜柳二家，实自成一大宗派。至宋人学书，几又无人不学平原者。东坡云“书至于颜鲁公”，是极推重语。然其《书黄子思诗集后》云：“余尝论书，以为钟王之迹，萧散简远，妙在笔画之外。至唐颜柳，始集古今笔法而尽发之，极书之变，天下翕然以为宗师，而钟王之法益微。”亦有微辞。米襄阳祖王而宗颜，于颜所得实夥。然其言“颜柳挑踢，为后世丑怪恶札之祖，从此古法荡然无遗矣”云云，其于恶习，亦可谓力诋矣！大概颜有俗气，柳有匠气，学者不可不知。

解：复翁历述源流优劣，是教人截断众流，直取本源。

司空图论诗曰：“梅止于酸，盐止于咸，饮食不可无盐梅，而其美常在咸酸之外。”书法何尝不如此。譬如画止于平，竖止于直，同此笔画，同此几字，而李四张三，写成不同，王五赵六，亦复异趣。所系人各有性情胸襟，调味手亦自不侔耳。

解：苏轼《书黄子思诗集后》，亦尝引用司空图此语。书法高下，正是酸咸之外，甚至不可言说。不可言说处，即其人格调。

学者有志于书，初步学楷，每苦不能入，渐欲灰心；略有得，又苦不能入，又欲灰心，此仅第一二阶段耳。过来人都能相视而笑，初非足患。递取一二月来所习，前后对比，自知之矣。“明道若昧，进道若退”，正此之谓。唯有一种人，无论何种碑帖，一学即肖，一肖便谓天下无难事。学既杂，离帖仍是自家体路，因复自弃。聪明自用，方是危险！

解：复翁何等天才，而所学不枝不蔓，终有大成。今人收罗历代法帖，唯恐不备，朝秦暮楚，都成荒废，奈何？

我所言者都是大法，或是经验。学者求师实际，止在老马识途一点。至于功力，是在求己。昔颜平原从张长史指授，长史但云“多训练，归自求之”而已。俗有妙语：“夜半摸得枕头何曾靠眼。”还不是与孟子说“自得之，则资之深。资之深，则取之左右逢源”同一机括。相传古人传授笔法，好像极难，或且至之神话，无非要学者专诚之至。得之难则视之珍，庶几可成功也。

解：人生百年，有一点过人之处，贵在坚持。

客去录

（《子曰丛刊》影印文件，王浩州先生提供。见此影印件，始知近年发表，以及金丹先生编《白蕉论艺》所收，只是其中摘句）

避地海上，倏焉十载，卧楼云深，若与世忘。其间所往来者，多艺文秀士，瀹茗煮酒，亦以忘忧。及门二三子，每以所闻于予者，窃为纪录，意隔文疏，或不成片段；然嘉其用心之勤，辄取以点正。今附刊于此，且使承学之士得闻绪论，而贤者下问，余亦得免于辞费焉。题曰客去录。复翁自识于云深处。

一、书言八法始自唐人

书言八法，始自唐人，论书入于魔道，亦自唐人，而宋承其风。然宋人已自非之。如黄鲁直云："承学之人，更用《兰亭》永字，以开字中眼目，能使学家拘忌，成一种俗气。"董广川亦云："如谓《黄庭》'清浊'字，三点为势，上劲侧中偃下，潜挫而趯锋；《乐毅论》'燕'字，谓之联飞，左揭右

客去錄

白蕉

避地海上，倏踰十載。臥樓甕深，若與世忘。其間所往來者，多藝文秀士，論茗煮酒，亦以忘憂。及門二三子，每以所聞於余者，纂爲札錄，意隔文疏，或不成片斷；然嘉其用心之勤，輒取以點正。今刊於此，以使承學之士，得聞緒論，而賢者下問，余亦得免於辭費焉。題曰客去錄。復翁自識於甕深處。

一 書言八法始自唐人

書言八法，始自唐人，論書入於魔道，亦自唐人，而宋承其風。然宋人已自非之。如黃魯直云：「承學之人，更用蘭亭永字，以開字中眼目，能使學家拘忌，成一種俗氣。」董廣川亦云：「如謂黃庭清濁字，三點爲勢，上勁側中偃下，潛挫而趯鋒；樂毅論燕字，謂之聯飛，左揭右入；告誓文客字，一飛三動，上則左豎右揭。如此類者，豈復有書耶？又謂一合用，二兼，三解概，四平分。如此論書，近可謂唐經生等所爲字，若求之於此，雖逸少未能合也！今人作字既無法，而論書之法又常過，是亦未嘗求於古也。」予論古文學辭章家批註，正坐此病，作者初何曾求合於此。世之刻舟求劍者，既誣古人，復誤來學，一派愈索愈玄，一派愈談愈腐。

二 趙松雪書天資不足

趙松雪書，天資不足，功力甚深，其秀媚最悅俗眼，商賈筆札之美，求小成者趨之。明莫雲卿云：「勝國諸名流，衆口皆推吳興。世傳七觀、度人、道德、陰符諸經，其最得晉法者也，使置古帖間，正似闤闠俗子，衣冠而列儒雅搢紳中，語言面目，立見乖忤！蓋矩矱有餘，而骨氣未備！變化之際，難語無方。欲利而反弱，欲折而愈戾。右軍之言曰：平直相似，狀如算子，便不是書，但得點畫耳。文敏之瑕，正坐此邪。」此當爲定論！松雪功力，見於其楷，然千篇一律，萬字一同，正董思翁抉其受病處在「守法不變」！世傳蘭亭十三跋、天冠山詩等爲其行書之最膾炙人口者，奈逸韻氣骨，終不可強。鍾書點劃各異，右軍萬字不同，蓋物情不齊，變化無方，原爲天理，豈盤旋筆札間，區區求象似之合者乎！此學魏晉書者所宜知，而松雪不知也。

三 「殺字甚安」

「殺字甚安」一語出晉書衛瓘傳，殺字作一字之結構佈置講。包安吳論書，每喜用之。於此頗憶一笑話，宋代沈括論書云：「凡字有兩字三四字合爲一字者，須字字可拆；若筆劃多寡相近者，須令大小均停。所謂筆劃相近，如殺字乃四字合爲一，當使×木几又四者大小皆勻」。此必讀衛瓘傳不得其解，乃爲穿鑿之說，已甚可笑；至復論一未字云：「如未字乃二字合，當使土與小二者大小長短皆均。」是不通小學，橫將字體腰斬！天下第一笨伯，偏要做聰明人，想當時聞者，必有作掩口葫蘆者矣。

四 包齊伯終身不懂筆法

包齊伯好爲玄論，終身不懂筆法，亂其議論與書法可知也。其「述書」中徵論筆法，張三李四、王五趙六、七張八嘴，全無主意。其所聞道之各家，看來全似野狐禪。其自謂悟得處，亦屬莫明其妙。如述其聞諸黃小仲一節：「唐以前書皆始艮終乾；南宋以後書皆始巽終坤。余初聞不知爲何語，服念彌旬，差有所省，因遷習其法，一年漸熟。」可發一噱。其所述始艮終乾云云，後人亦多模糊影響，驚其高深，其實不過取易後天卦，明其自左而右。在書法上其所指「始艮終乾」者，筆尖俯下；始巽終坤者，筆尖向上而已，別無奧旨，且皆是筆病！在小仲不過欲說明唐前宋後落筆大別，借用易卦，故示竅妙，琇玞是寶，似爲獨得之祕，未免有欺人思想！拆穿說來，豈但不值一笑而已。齊伯之書，落筆向下，正是始艮終乾之顯例；又一路紐轉，筆心求在劃中而不可得，於逆入法本全無所悟入也。

五 書法之遞變

書法之遞變，全屬時代自然之趨勢，故篆不得不變爲隸，隸不得不變爲章艸、今草、及楷行。前人有「小篆興而古意失，楷法備而古意漓」之人；《告誓文》‘客’字，一飞三动，上则左竖右揭。如此类者，岂复有书耶？又谓一合用，二兼，三解橛，四平分。如此论书，近可谓唐经生等为字，若求之于此，虽逸少未能合也！今人作字既无法，而论书之法又常过，是亦未尝求于古也。”予论古文学辞章家批注，正坐此病，作者初何曾求合于此。世之刻舟求剑者，既诬古人，复误来学，一派愈索愈玄，一派愈谈愈腐。

解：唐以前人论书，虽亦论点画写法，如传卫夫人《笔阵图》，然而终究是讲意味。正如李世民所说，临古人书，殊不学其形势。惟在求其骨力，而形势自生矣。白蕉认为，像孙过庭这样的书论家，没有谈到“永字八法”，足证“永字八法”是初唐以后产生的。不苛细地论其时间，就书法史、书论史演进大势看来，确实如此。元明之后，论书越来越琐碎细致，而书道愈微，书格愈卑而力愈弱，胸襟之故耳。古文学辞章家批注，或陷于索隐勾玄，死在句下；或任意阐发，滔滔不绝，即使经典作家重生，恐怕也会瞠目结舌。米芾尝云：“要之皆一戏，不当问拙工，意足我自足，放笔一戏空。”

二、赵雪松书天资不足

赵松雪书，天资不足，功力甚深，其秀媚最悦俗眼，商贾笔札之美，求小成者趋之。明莫云卿云：“胜国诸名流，众品皆推吴兴。世传《七观》《度人》《道德》《阴符》诸经，其最得晋法者也，使置古帖间，正似阛阓俗子，衣冠而列儒雅缙绅中，语言面目，立见乖忤！盖矩矱有余，而骨气未备！变化之际，难语无方。丿（撇）欲利而反弱，乀（捺）欲折而愈戾。右军之言曰：平直相似，状如算子，便不是书，但得其点画耳。文敏之瑕，正坐此邪。”此当为定论！松雪功力，见于其楷。然千篇一律，万字一同，正董思翁抉其受病处在“守法不变”！世传《兰亭十三跋》《天冠山诗》等为其行书之最脍炙人口者，奈逸韵骨气，终不可强。钟书点划各异，右军万字不同，盖物情不齐，变化无方，原为天理，岂盘旋笔间，区区求相貌之合者乎！此学魏晋书者所宜知，而松雪不知也。

解：赵孟頫功力甚深，确为的评。而字中多一分安稳，少一分意气，也是事实。莫云卿，即莫是龙。阛阓，即街市。阛阓俗子，即小市民。与二王相比，赵孟頫的确乏善可述，然而亦自有其不可及处。当代书法，最缺者，仍然是基本功力，点画、结构尚未入门者，已然有大家之目，复翁若见，或劝其学赵，亦不至恶札满纸矣。

唐以前书自然，随缘生机，处处无法而处处为至法；唐以后书，极人工之巧而生拼硬凑，似处处是法，其实去法远矣。今人或能临历代法帖，与原帖重叠乃毫发不爽者，其实只是入门功夫，个中无自然机趣，便不是真得法。真得法，得在理，随心所欲而不逾矩。

三、“杀字甚安”

“杀字甚安”一语出自《晋书·卫瓘传》，杀字作一字之结构布置讲。包安吴书论，每喜用之。于此颇忆一笑话，宋代沈括论书云：“凡字有两字三四字合为一字者，须字字可拆；

若笔划多寡相近者，须令大小均停。所谓笔划相近，如‘殺’字乃四字合为一，当使‘乂木几又’四者大小皆匀。”此必读《卫瓘传》不得其解，乃为穿凿之说，已甚可笑；至复论一“未”字云：“如‘未’字乃二字合，当使‘土’与‘小’二者大小长短皆均。”是不通小学，横将字体腰斩！天下第一笨伯，偏要做聪明人，想当时闻者，必有作掩口葫芦者矣。

解：《晋书·卫瓘传》云：“汉兴而有草书，不知作者姓名。至章帝时，齐相杜度号善作篇。后有崔瑗、崔寔，亦皆称工。杜氏杀字甚安，而书体微瘦。崔氏甚得笔势，而结字小疏。弘农张伯英者，因而转精其巧，凡家之衣帛，必书而后练之，临池学书，池水尽黑。下笔必为楷则，号匆匆不暇草书，寸纸不见遗，至今世尤宝其书，韦仲将谓之草圣。”“杀字”“结字”对举，显指结构布置，不意科学家沈括胶柱鼓瑟，一至于此。《说文解字》谓“未”字“象木重枝叶也”，沈括难道连《说文解字》也没有查检吗？不可思议。

四、包齐[慎]伯终身不懂笔法

包慎伯好为玄论，终身不懂笔法，观其议论与书法可知也。其《述书》中征论笔法，张三李四，王五赵六，七张八嘴，全无主意。其所闻道之各家，看来全似野狐禅；其自诩悟得处，亦属莫明其妙。如述其闻诸黄小仲一节：“唐以前书皆始艮终乾；南宋以后书皆始巽终坤。余初闻不知为何语，服念弥旬，差有所省，因迁习其法，一年渐熟。”可发一噱。其所述始艮终乾云云，后人亦多模糊影响，惊其高深，其实不过取

《易》后天卦，明其自左而右。在书法上其所指“始艮终乾”者，笔尖俯下；“始巽终坤”者，笔尖向上而已，别无奥旨，且皆是笔病！在小仲不过欲说明唐前宋后落笔大别，借用易卦，故示窍妙，琇玞是宝，似为独得之秘，未免有欺人思想！拆穿来说，岂但不值一笑而已。齐[慎]伯之书，落笔向下，正是始艮终乾之显例；又一路纽[扭]转，笔心求在划中而不可得，于逆入法本全无所悟入也。

解：黄小仲，即黄乙生(1769—1820)，字小仲。江苏阳湖(今武进)人。道光初举孝廉方正，未赴即卒。嗜书，攻之甚力。包世臣《述书》：“始艮终乾者，非指全字，乃一笔中自备八方也。后人作书，皆仰笔尖锋，锋尖处巽也。笔仰则锋在画之阳，其阴不过副毫濡墨，以成画形，故至坤则锋止，佳者仅能完一面耳。惟管定而锋转，则逆入平出，而画之八面无非毫力所达，乃后积画成字，聚字成篇。过庭有言‘一笔成一字之规，一字乃通篇之准’者，谓此也。盖人之腕本侧倚于几，任其势则笔端仰左而成尖锋;锋既尖，则墨之所到多笔锋所未到。正过庭所讥‘任笔为体，聚墨成形’者已。以主所述，凡皆以求墨之不溢出于笔也。”然而黄乙生云：“用笔者天，书中尽之，始艮终乾，正所谓流美者地，书中阐发善矣，然非吾意。”包请其术，而卒不肯言。

由此后天八卦图，略可想见写一横画时笔尖方向不同。正如复翁所言，皆是病笔。书写时笔有旋转，点画两侧或有阴阳之分，而故为笔尖上仰下俯，恐怕并非规矩。然而我终究对此不甚了了，也懒怠去深究了。八卦图是笔者配，不知对否？

五、书法之递变

书法之递变，全属时代自然之趋势。故篆不得不变为隶，隶不得不变为章草、今草及楷行。前人有“小篆兴而古意失，楷法备而古意离”之叹，是在求古之言则然，如钟鼎书各随字形大小，活动圆满；至小篆持之尺法，翦截齐割；楷法则因科举而成干禄台馆之体。然于时代进步应用之说则昧也！故篆隶一类书体，至今全属美术品，绝非日用。草书起源，本为赴急之应用书体，逮其后变化多，而组织缺系统，又难于记认，渐与大众脱离关系，而成为士大夫阶级之御用品；复因科举影响，社会观念不同，而终成为文人书家之专门艺术品，遂失其本来作用，而与篆隶同类共科。近年关中于右任氏极力提倡，使还其用，诚属大愿，其整理之《标准千字文》，分析归类，井然有序，有功书学，允为典则。然欲推行普及，其枢纽端在借政治教育力量，必使学龄儿童，童而习之，社会日用，必如西人之应用小草，而后三十年后，可成风气！否则使国人如另习一种别国文字，虽有一工人提倡于前，于事恐未有济也。

解：于右任整理标准草书，初为实用，而今固无实用价值矣。白蕉尝与邓散木合作书写钢笔字帖，若谓实用，则钢笔替代毛笔为必然。今日，电脑打字替代钢笔，亦必然。不远的将来，小学生或持一平板电脑上学，则钢笔、铅笔之类，亦皆工艺品矣。目前写字教育，终将消逝。而书法教育，则应入手即为毛笔、古帖为然。

如果有司不愚昧，则汉字不灭，书法不灭。但，书法成为纯粹艺术之后，与日常书写的脱节，可能导致其文化根基的薄弱贫乏，可能导致其朝纯美术方向发展，则是令人担忧的。

六、缶翁篆书可称绝响

近时篆书，自吴缶翁而后，费见石作古，可称绝响。故友谢玉岑写钟鼎殊松秀，诏版极古雅，惜乎其年不永。隶分一路，近代惟郑太夷，并世则钱瘦铁独美。瘦铁不以书名，而其隶分古拙劲健，一时无两！其余诸子，几无一笔入汉！偶见梁庾元威讥时人书云："浓头纤尾，断腰顿足，一八相似，十小不分。"正说着今人之病，为之失笑！或有取法邓完白、伊墨卿者，然邓、伊隶分，亦只可有一，不可有二。草书则不独有清三百年无之，并世亦未有可入目者。草书学钟不成，则类浮溪之龟，大楷学颜而成，亦如厚皮馒头，书道诚不易言哉！

解：费见石，即费龙丁。谢玉岑为谢稚柳之兄。郑太夷，即郑孝胥。谢玉岑写钟鼎，偶有帖法用笔意。钱瘦铁隶书，颇有简牍意，偶有帖派用笔方法。陈巨来说白蕉隶书过于马公愚、来楚生，但罕见。有一隶书扇，有简牍意，用笔方法，也是合乎帖法的。由此可以悬测，白蕉以为篆隶入古，必须是写出来的。若务求所谓金石气，可能“无一笔入汉”，即使颇有成就，也可能“只可有一，不可有二”。近年帖派复兴，以笔法衡诸篆隶，不得不佩服白蕉的远见卓识。“草书学钟不成”，此句不可解，阙疑。

七、右军书迹亟须整理

右军草书小真书，不必言矣。其楷行之灵和，与大令草行之神骏，俱为绝诣。今人仍有拾包康一辈牙慧，以为帖俱是伪而不足学者，既自被欺，更欲欺人，正坐不学！《阁帖》有杂伪，又翻刻既多，更以走样，此是事实。昔文徵仲计自唐以来《阁帖》有三十二刻，自明以来，又未遑考其增几许。然今日印刷进步，祖刻古本，并非难得。日人于我国碑帖书画，颇下整理功夫，虽眼力尚差，抉择不精，如《南画大成》《法帖大系》种种，仍不失为参考要籍，然我国尚无此大规模之整理与印刷也。

解：包康早已不能牢笼书法，而今世不明笔法，抱残守缺，以为非碑版则为甜俗者，亦尚不少。我国现在大规模之印刷甚多，而于右军书整理，仍犹未惬人意耳。比如存世法帖中去伪存真，以最善摹本拓本，尽量编年，也并非容易。

八、楷与行草魏晋最高

楷书与行草，魏晋人最高，而钟王为代表。学之者须天分、学力、识力并茂，而胸襟尤有关系。且学钟王字无从讨好，而容易见病，因此急功者都不肯学，亦不敢学。若遂谓帖伪而不学，则实是不善操舟，恶河之曲！或又谓所患在钟王字写不大，则我问颜字如何会大？不言颜字，则《泰山经石峪》，六代人摩崖，《郑文公碑》等，正不乏名迹，不足取资耶？若论气息相近，则《瘗鹤铭》非南碑冠冕耶？

解：学工致一路，按我乡方言说，“不遮丑”，有一点毛病，就赫然目前，所以需要尽善尽美。学碑版造像，或描画，或粗枝大叶，可以遮丑，也可以说追求荒率古朴生辣，甚至可以说帖派都是甜俗。各是其是，随他的便。但凡艺术，亦必以真为第一要事，欺人一时，欺不得一世；欺人一世，欺不得千古；纵欺得千古，又当如何？

九、姜白石论草书最当

姜白石云：“草书之体，如人坐卧行立，揖逊忿争，乘舟跃马，歌舞蹙踊，一切变态，非苟然者。”数语形容活泼。今人作草，随意用笔，任笔赋形，失误颠错。如过庭所谓：“当联［连］者反断，当断者反续，不识向背，不知起止，不悟转换。”其实乃未知所以取法，而更炫为新奇也。白石亦云：“累数十字而不断，号曰连绵游丝，此虽出于古人，不足为奇，更成大病。”又云：“转折方圆之法，真多用折，草多用转，折欲少驻，驻则有力，转欲不滞，滞则不遒。然而真以转而后遒，草以折而后劲，不可不知也。”昔贤论草，固甚明白，而世人只见旭、素一辈书，更不能进，则萦心于俗目之称赏也。又昔贤论草，必与正对举，相发相明，学者正须注意。

解：草书中无点画，便是欺世。今世擅名草书者见白蕉此语，约当羞死一半。“当连”句，实为姜夔《续书谱》句。

十、赵董书属软滑一路

赵、董书是软滑流靡一路，然其画则高。今世画家天才尚不时发见，于书则竟难其人矣。画家每喜作伪，以得善价，书家亦如此。书家作伪巨擘，当推米襄阳，其所伪晋唐人书，人不能别，天才自高。虞世南《汝南公主墓志》，褚河南《枯树赋》，褚河南《哀册》《随清娱墓志铭》，俱属此老狡狯。至智永《归田赋》，全是此老面目，依文末语气乱[觇？]，则襄阳作此，似本不存心作伪，而后人误题为智永耳。今日本《昭和法帖大系》中有之。

解：米芾作伪，固有传说。然而诸帖是否存心作伪，恐难考稽。如《中秋帖》为临王献之《十二月帖》数字而成，当为无心作伪也。

十一、东坡云

东坡自言：“仆书尽意作之似蔡君谟，稍得意似杨风子，更放似言法华。欧叔弼云：子书大似李北海，予亦自觉其如此。世或以为似徐书者非也。”余谓其佻似北海，其俗似季海！坡又云：“吾书虽不甚佳，然自出新意，不践古人，是一快也。”其所谓新意，指握笔耶？握笔是笔病！指草书耶？则其见到处甚高，其实诣乃与黄山谷同为外道！

解：白蕉不喜苏、黄书，大概是因为其“变乱古法”。艺术家论艺，必偏激，不偏激则不真。而苏、黄毕竟有新意，颠扑不破。

十二、坡翁书病握笔

坡翁书不但有握笔病，其执运指法太多。其称：“欧阳文忠公语余，当使指运而腕不知，此语甚妙。”有由也！又论古人书云：“献之少时学书，逸少从后取其笔而不可，知其长大必能名世。仆以为知书不在笔牢，浩然听笔之所之，而不失法度，乃为得之。然逸少所以重其不可取者，独以其小儿用意精至，猝然掩之，而意未始不在笔。不然，则是天下有力者，莫不能书也。”此真成强辩矣。余谓书法之功，尤贵乎力，惟其力乃如太极拳，外道以为全不用力，不知其中浑身是力，功夫在内！献之少时，倘尚在打少林八卦时耶？

解：坡翁有握笔病，近是。而论“知书不在笔牢”，似并非强辩。复翁不喜其握笔，乃恨乌及屋耶？若从复翁后取其笔，能取否？便能太极拳，恐亦能取耳。

十三、寄人篱下安得出色

寄人篱下，安得出色，予未尝许学者以似我为有志。或云先生诫及门取法乎上，师其所师，又不言学唐以后碑帖，既闻命矣；然在初学，得有师承，而日亲炙，其成功实为方便，此门意不可开耶？戏曰：我恐及门中有逢蒙在。客曰：何必有杀先生事？他日有代笔亦复佳。余乃言曰：实告君“有我在，汝何得出头”！打通后壁说话，此正我对同学之葸葸也。我人痛下功夫，原原本本，毫无假借，来学者乃袭我皮毛，虎贲中郎，以欺俗眼，我宁不为书道及其本身计乎？若然者，必如鲁公之学河南乃可，今人殊未见有能翻一局耳！

解：《荀子·正论》：“逄蒙学射于羿 ，尽羿之道。思天下唯羿胜己，于是杀羿 。”打通后壁说话，即明说、直说、通透说。刘熙载说：“东坡诗打通后壁说话，其精微超旷，真足以开拓心胸，推倒豪杰。”葸葸，畏惧。蔡邕尝为左中郎将，有勇士与之相貌酷似。《后汉书·孔融传》：“与蔡邕素善，邕卒后，有虎贲士貌类于邕，融每酒酣，引与同坐，曰：‘虽无老成人，且有典型。’”余学复翁有年，未能恳习，欲为虎贲，谈何容易。面对法书名言，正坐空入宝山，不能登堂入室，何况更翻一局。奈何，奈何。

十四、行楷书《洛神赋》谁作

行楷书《洛神赋》，世传为大令书，又属之右军，非也！右军尝书此赋，然无传本。黄伯思以为颇似智永书，疑为其遗迹，则近之。然今日所见印本，余又颇疑出自赵松雪所临。至世传《告誓文》二本，其一当时永禅师临写本，笔软力弱；其笔画劲重者，疑出信本。大王小真书，《遗教经》是伪物，殆为唐经手高手之作。《道德经》尤次。《东方朔画赞》开元中校定，等在第二，然今世所传，正未见佳。董广川、潘无声已疑为后人伪托。至《乐毅论》为右军煊赫名迹，当时智永题后云：《乐毅论》者，正书第一。若今世所传，笔画韵味，亦了无佳致！其原本已于太平之祸咸阳爨下，梁时摹出，初有石本。唐代再经摹刻，宋时又有二石本，一为秘阁所刻。褚遂良《拓本乐毅论》记云：贞观十二年四月九日，奉敕内出《乐毅论》，是右军真迹，令直弘文馆冯承素临写，赐司空长孙无忌，房玄龄，高士廉，侯君集，魏徵，杨师道六人，于是在外乃有六本。可知各本俱非庐山面目。欧阳修所见高绅学士家真本，断裂之余，仅存百余字，则今日安得有佳本乎。

解：钟、王小楷，虽有刻本传世，而皆似是而非。庐山面目，恐永难见矣。

十五、审得此意

稳非俗，险非怪，老非枯，润非肥。审得此意，决非凡手。

解：分寸拿捏，最是难事。

十六、太史公字

时下所谓“太史公”字，非书家，不足论。然卷子字着实下过工夫，亦偶可称善书者耳。亦有画家书，往往恶劣不堪入目，而偏不知藏拙者正多！其实书家一定要求四体皆擅，其弊正与画家之想兼做书家同，无此才学，正不必强。或指某人书法近，余谓虽输无金价，珉实玉类，千古书法，只此一途，其所法已似稍高，岂但民国来仅见而已。

解：此段数语，似皆有所指，非泛泛而论。他日识者，或能揭示。

白蕉年表

王浩州　整理

1965 年摄于病房内，这是最后一次留影

1907年　丁未　1岁

11月3日，农历九月二十八日，白蕉生于上海金山县张堰镇（旧属松江，古称云间）新尚路16号。本姓何，名馥，又名治法，字远香，号旭如，小名桔馨。后去姓不用，改名白蕉，字献子。别号、别署甚多，有：蕉、复翁、白翁、复生、复老、秃翁、懒人、懒汉、浅白、晋太、笨人、逋客、阿四、景王、兰王、南方、散犯、醉侯、江水、云间、云间生、云间居士、云间白蕉、云间下士、吴国白蕉、江南白蕉、江左白蕉、虚室生、醉乡侯、瞎尊者、窗下客、东海生、江南人、北山公、法天者、海曲居士、海曲子、海曲少年、共和布衣、江水词人、蕉老头、未白头翁、圆通道人、一等酒兵、所南世徒、天下第一懒人、留春小筑主人、大华一秃、无闻子、养鼻先生、线上人、赤松里人、禾矢女人、白屋老人、仇纸恩墨废寝忘食人、王右军私淑弟子、不入不出翁等。常用斋号、室号有：求是斋、济庐、万楼、留云小舍、有不为斋、日损斋、愚楼。

何家旧乃中医世家。白蕉祖父其贤，原为金山染店桥人，后迁至张堰，开设药店。何父锡琛，号宪纯，何母徐宝荆，二人育有两子三女。白蕉排行第四。

何父擅长内、妇科，通外科，医术精湛，平和蔼然，乐善好施，颇负赞誉。平日悬壶济世之外，爱好甚广。精通音律、诗文、书法，尤喜园艺，家中多种花卉药草，其中兰花百余盆，多有名种。故白蕉自幼便助其父养花莳兰，耳濡目染，与家中兰花花卉亲近，后来画兰写生即由此家中环境启蒙。此外，白蕉自幼便喜好临池，常独自挥毫，不知疲倦。

1917年　丁巳　11岁

入县立第二高小。

1919年　己未　13岁

借张堰刘姓私塾就读。

1921年　辛酉　15岁

借读于张堰秦山私塾（即闲闲草堂，其所在闲闲山庄为高吹万所建之园林）。

1923年　癸亥　17岁

负笈离乡，赴沪求学，入上海海澜英语专修学校。该校为蒋碧薇、蒋丹麟之父蒋梅笙创办。其间由蒋丹麟结识徐悲鸿，二人遂成为至交好友。

1924年　甲子　18岁

就读于杭州浙江美术学校，与唐云同学。

是年春，高吹万请白蕉为其先祖藏书楼“袖海堂”治名印。印成，白蕉向高氏索诗，高遂写七绝一首以报之：“我是袖中有东海，君真腕底少全牛。此堂此印此诗句，要令同垂一万秋。”

1925年　乙丑　19岁

复进上海海澜英语专科学校学习。其间与蒋碧薇、蒋丹麟、徐悲鸿、周炼霞、徐建奇、戚石印等从蒋梅笙习诗词。

5月，“五卅惨案”发生，参加群众示威游行。

10月，何父与同乡姚石子等人以家藏图书为基础，创办张堰图书馆。白蕉常去看书，与馆中俊彦切磋砥砺。

1926年　丙寅　20岁

转至上海法政学院求学。

与褚士超、李效文等创办《青年之声》半月刊，于张堰出版。揭露社会黑暗腐败，宣传“三民主义”，被国民党当局指为“过激”，只出版十九期即被迫停刊。此后，又继办不定期刊物《复活》，继续宣传进步思想。

求学期间，与一位同乡女同学坠入情网，二人遂有白头之约。然因家庭背景差别，遭双方家长强烈反对而不能如愿。一日，该女同学送其一朵白色美人蕉，由此灵机一动，去姓更名为“白蕉”，改字献子（四字连用，意即“白蕉献我”，永志初恋之意）。自此，便以“白蕉”之名行世。

1927年　丁卯　21岁

参与迎接北伐军进驻上海。时为国共合作时期，经李一谔介绍参加国民党，担任国民党金山县党部青年部部长。

4月12日，“四·一二”反革命政变发生，国内政局陷入白色恐怖之中，爱国青年惨遭杀害，白蕉因而失学。之后国民党实行清党，白蕉未去登记，遂与国民党脱离关系。

是年与山阳李家李畹芬结婚。李畹芬即白蕉第一夫人，人称“白娘娘”。二人共育有雪聪、民权、益玲等二女一子。

1928年　戊辰　22岁

3月，得邓散木治印一方。

1929年　己巳　23岁

1月，所作新诗集《白蕉》由上海励群出版社出版。该书内收白蕉1926—1928年所作白话新诗47首，书前附有白蕉手书序言，书于1928年，为白蕉现存最早的纪年墨迹图版。

10月24日，由金道一介绍至黄炎培处。

12月1日，与黄炎培至非有斋。

1930年　庚午　24岁

7月26日，黄炎培来人文社访白蕉，二人共谈。

是年，徐悲鸿为白蕉书《白蕉自订书画篆刻小约》。

1931年　辛未　25岁

6月28日，与黄炎培交流。

7月3日，介绍殖边社人员至黄炎培处，长谈殖边问题。

11月2日，黄炎培来信。

是年白蕉发现清人郭友松小说《玄空经》抄本。

1932年　壬申　26岁

1月，黄炎培来信，请白蕉到人文社帮忙编辑有关史料。

3月28日，参加人文社职员会。

5月，行书自作诗六首附信寄呈沈信卿，并寄徐悲鸿。

6月10日，徐悲鸿来信。

是年结识蒋兆和。为徐悲鸿作小楷书屈原《九歌》手卷。

1933年　癸酉　27岁

3月，为蒋梅笙《理斋类稿》题署。

4月，整理注释郭友松《玄空经》，由少年书局出版。

9月10日，黄炎培召集会餐。其间白蕉与沈思齐、沈信卿等人作书画颇多，至晚方散。

是年，徐悲鸿作《孝女曹娥图》，白蕉为该画题写小楷《孝女曹娥碑》。为弘一作《江问渔画像》题诗。

1934年　甲戌　28岁

1月，黄宾虹七十寿诞，作诗《寿黄宾公先生七十》以贺。

3月2日中午，参加成志会新会员题名委员会聚餐。

3月5日，致信黄宾虹。30日，黄炎培来信。

7月10日，黄炎培来信。

9月12日，应邀赴黄炎培家参加聚餐。

深秋，与徐悲鸿相约赴栖霞岭赏红叶，因故未能成行。得徐悲鸿赠画《枇杷》一帧。

是年，自订书画篆刻直例；行书自作诗《岁暮一首用问老见赠》一首（立轴，私人藏）。

1935年　乙亥　29岁

经黄炎培等推荐，任《人文月刊》审订。

3月22日，黄炎培为白蕉书赠对联“独坐玩群动，众生恋少年”。

4月20日，好友谢玉岑病逝。白蕉十分悲痛，作诗悼之。

初夏，为陈乃乾行书自作诗《自讼》一首（扇面，私人藏）。

中秋，与友人相约登宝山观海月，因风雨所阻未能成行。

9月21、22日，探望病中黄炎培。

10月21日，访黄炎培。

冬，得王氏别墅，与白蕉原有之留云小舍南北相望。

是年底，与邓散木同游南京，下榻于南京环球旅馆。邓借环球旅馆举办第四次个展。白蕉于报纸撰文助其宣传。

12月29日，参加南社纪念会于南京路口晋龙西菜馆举行之聚餐会。

于《人文月刊》陆续发表《珍妃之悲剧》等文论。

1936年　丙子　30岁

2月7日，参加南社纪念会第二次聚餐会。

5月，赴杭州，途经富阳。同行者有张叔通、高君藩、吴益初、黄士雄等人。

6月27日，参加黄炎培召集会餐。

长夏，为陈乃乾所辑《清名家词》作序；题申石伽《春灯蕉雨图》。

11月8日，黄炎培约请聚餐。

秋，返回张堰，欲从父学中医以济世。

初雪，草书自作诗《喜明道风雨夜至》一首（立轴，私人藏）。

是年，白蕉编著之《袁世凯与中华民国》由上海人文月刊社出版。该书原曾在《人文月刊》第五卷（1934）第六期至第六卷（1935）第五期连载，后增订成书，为极为珍贵之史料长编。

是年为沈信卿作《予何人也》朱文印一方；发表《四山一研斋随笔》《光绪皇帝之悲剧》等文论；作草书“已能与邻分兰种，更于何处着梅花”联（私人藏）。

1937年　丁丑　31岁

夏，访沈瘦东濠上居。临钟繇《荐季直表》赠沈信卿（成扇，私人藏）。

8月13日，日寇将战火烧至上海。张堰镇成立金山各界民众抗敌后援会，白蕉被推选为会长。

11月5日，日军于金山卫登陆。何父认为上海租界能避灾，于是命白蕉返回沪上。是月，行书自作《亡命草》五律四首（手卷，私人藏）。

抗战爆发后，鸿英图书馆基金告罄，拟遣散馆员。经陈宝鸿建议，馆长沈信卿请白蕉出任主任。白蕉到馆后，开始着手筹备书画展览会，整日挥毫书画，并向各名家征集书画，为图书馆筹集经费，使图书馆得以维持。

12月22日，黄炎培来信。

是年与高逸鸿、唐云、张炎夫等组织“天风书画社”。白蕉应梁俊青之请前往社中书法班授课，因而开始撰写《书法十讲》讲稿，全稿分书法约言、选帖、执笔、工具、运笔、结构、书病、书体、书髓、碑与帖，共十章节。

发表《世界大战中之华工》《词与新诗》等文论。

以诗书与郭晴湖订交。

得徐悲鸿所赠《丧乱》《二谢》等王羲之书法唐摹本照片，朝夕揣摩。

1938年　戊寅　32岁

是年执教于上海光华大学附中，担任国文讲师。

1月31日，致信黄炎培。

7月23日，以旧作书杜甫《前出塞》行书立轴（私人藏），题款后赠成法上人。

7月30日，与邓散木于《新闻报》刊鬻扇启事。

8月3日，致信黄炎培。

8月18日至23日，与挚友邓散木、唐云、若瓢、马公愚、来楚生等于大新公司四楼举办“杯水书画展”，展品三百余件，为抗战募捐。展览售资除开支纸墨费悉数交上海国联救济会充购难民医药费用。

9月27日，致信黄炎培。

是年，重订书画篆刻直例，于《红茶》杂志登载。为铁堂作行书自作诗《秋感》四首之二（扇面，私人藏）。为野鹏作行书自作诗《神气欲尽，写此自拔》四首之一（扇面，金山博物馆藏）。行书自作诗《亡命草》一首（立轴，温州市博物馆藏）。

1939年　己卯　33岁

1月1日，艺海回澜社刊出招生广告，白蕉为导师之一。该社理事长为朱其石。社址位于善钟路西薄石路合兴里51号。

3月17日，黄炎培来信。

春，与唐云、若瓢会聚于周炼霞家中，结识张大千弟子、常熟收藏鉴定家曹大铁。行书苏轼题跋一则（扇面，私人藏）。

初夏，行书自作诗《外滩街车中》等三首（镜片，私人藏）。初夏，为孟超行书自作诗手卷（私人藏）。

秋，所撰《济庐艺言》发表于光华大学附中毕业纪念册；作兰花横幅（私人藏），题识："我心写兮，彼美人兮，莫谓我画师兮。"

10月，父亲何宪纯逝世，享年68岁。白蕉辑《何宪纯先生讣告》一册，并请姚鹓雏写《何宪纯家传》，纪其一生德业。

是年任上海地方协会秘书长，移居于鸿英图书馆附近"万华祥"布庄楼上。作兰花两帧（镜片，私人藏），题识："头陀欲笑花，花亦在笑头陀。晴窗对此，真不知烦恼何在。"为绍奎行书自作诗《对酒二截》二首（扇面，私人藏）。

1940年　庚辰　34岁

是年任上海市私立师承中学国文教员。

1月21日，致信黄炎培。

2月，作《君子之交》兰竹图（立轴，私人藏）。

岁首，为沈钧儒、申石伽等人作“友声”册页题签。

初春，行书节录《史记》（立轴，王个簃纪念馆藏），为余空我作兰花（立轴，私人藏），题识：“醉中执湘管，遂狼藉满纸。我意岂是如此，怀哉良士。”作兰石立轴（金山博物馆藏），题识：“笔端霜气，月下湘魂。会我意者彼世尊。”行书“快哉”横幅（私人藏）。

春，行书陶渊明《桃花源记》四屏（私人藏）。

4月，行书自作诗《题明人画卷》一首（私人藏）。酒后题戈湘岚临摹李伯时《五马图》之一。

6月19日，为杨达邦三十岁生日作贺诗诗稿（私人藏），行书贺诗立轴（私人藏）并隶书节录《诗经》（镜片，私人藏）贺寿。

夏，作甲骨文联“安得天下尽无事，且向林泉乐考盘”（私人藏）。作兰花册页十二帧（温州市博物馆藏）。作兰花一帧（立轴，金山博物馆藏），题识：“巧笑倩兮，美目盼兮。会得含情不语，乃能传神灵芬。郭景纯《游仙诗》云：‘灵妃顾我笑，粲然启玉齿’得之矣。”行书辞刻印短文手稿（私人藏）。行书自作诗“须眉七尺自堂堂……”一首（扇面，私人藏）赠邓散木。为景西行书自作诗《下乡》等三首（扇面，私人藏）。作兰花团扇（私人藏），题识：“师法留云本我家，春来腕底茁兰芽。风晴雨露多新样，一笔何曾拟苦瓜。”

7月1日至7日，于上海大新公司四楼画厅举办第一次“白蕉书画金石展”。王蘧常作诗赞曰：“三十书名动海陬，钟王各欲擅千秋。如何百炼功成后，傲骨难为绕指柔。”

大暑，行书自作诗十四首（四条屏，私人藏）。

初秋，草书节录诸葛亮《诫子书》（立轴，私人藏），行书自作诗《庚辰新秋下乡道中句》（立轴，私人藏）。

秋，母亲病重，白蕉返乡探望。日军官闻之，欲邀乘汽艇游览。白蕉借故推脱，于翌日清晨返沪。

深秋，作青菜萝卜扇面（私人藏）。

初冬，为沈信卿作兰花立轴（私人藏），题识：“云林似荆、关，东坡如王僧虔。正未必我学古人，或古人似我耳。”作行书联“气之所感不因情至，时有可为亦由人性”（私人藏）。

11月16日，作品参加精武体育会主办之“现代名人书画展览”。

仲冬，题陈白荷花鸟册页。

冬，行书李白《送贺宾客归越》（立轴，私人藏）。

12月，作品参加上海儿童保育会义卖书画展。

是年于上海联华广告公司刊行的《小说月报》之《今人诗文录》中发表《书二书人》一文；为季良先生作兰花草书扇面一帧（私人藏）。再题去年所作兰花横幅“不为五百年后值千金而写，复焉用多留余纸为后人作跋地”。为若瓢作兰花一帧（扇面，私人藏），题识：“我意欲笑，而花意矜持，更使人醉。”仿石涛兰竹石扇面一帧（私人藏）。为郑午昌作隶书

“用清自和畅，所尚多古欢”联（金山博物馆藏）。行书《杜预与王濬书》（镜片，私人藏）。行书《傅玄口铭》（立轴，私人藏）。行书黄庭坚诗文（扇面，私人藏）。行书刘熙载论杜诗（立轴，私人藏）。行书“惜时惜衣非为惜财原惜福，求名求利终须求己莫求人”对联（私人藏）。行书节录诸葛亮《诫子书》（扇面，私人藏）。行书自作诗《梅龙镇酒后》绝句（纸本，私人藏）。行书自作诗《雪夜》（扇面，私人藏）。行书自作诗《杂兴旧句》之十（扇面，私人藏）。行书写兰句“种花有老叟……”（立轴，私人藏）。行书《陶弘景致亲友》、颜真卿《中夏帖》（扇面，私人藏），作兰竹石扇面（私人藏），题识：“介于石，臭如兰，坚多节，皆易之理也，君子以之。”

1941年　辛巳　35岁

元旦，作兰石扇面（私人藏），题识：“留云圃中小品。”

3月，行书集宋人句“对酒且开颜，算好春长在，好花长见；长歌自深酌，问古音谁尚，古调谁弹”对联（私人藏）。

初春，行书《庚辰新秋下乡道中句》等二首（立轴，私人藏）。

4月，为晚可作兰石扇面（私人藏），题识：“当户而锄若草菅，风拂拂兮莫出山。”

5月，行书“琴风畅怀抱，风月悦性灵”对联（厦门市博物馆藏）。为镇昌作兰花扇面（私人藏），题识：“芬芳不歇，如见故人。”

夏，行书“枕簟清凉时笑北窗高卧，琴书萧散更欣有酒盈樽”联（私人藏）。为叔辰作兰花扇面，题识：“安得如萧敷艾荣乎。”行书自作诗“迟暮亦何感……”等三首（扇面，金山博物馆藏）。行书自作诗“迟暮亦何感……”一首（扇面，私人藏）。为振华作行书自作诗“迟暮亦何感……”一首（扇面，私人藏）。

10月，行书“处世无奇但存心不愧天地，居家有道要积德以遗子孙”联（私人藏）。28日，致信黄炎培。

深秋，行书录《史记》句（立轴，私人藏）。

冬，题又茹先生蔬果图遗作。

是年与金学仪订婚。行书“独占春光最多处，已凉天气未寒时”联（私人藏）。行书自作诗《江浦》一首（立轴，私人藏）。作兰花立轴（私人藏），题识：“未必天心有恩怨，一番风雨一番晴。”作兰花立轴另种（私人藏），题识：“抱洁含芳，白云之乡，不为时世装。彼何人哉封我王。”为恒顺酱醋厂作兰石册页一帧（私人藏）。作人物山水手卷（私人藏）。与许昭、来楚生等合作扇面（书法残扇，私人藏）。为陈陶遗行书自作诗“俯瞰怜群动……”等三首（扇面，私人藏）。为信芳作行书联“自从悟得空无相，有谁知我此时情”（私人藏）。

1942年　壬午　36岁

2月，行楷书节录《史记》（立轴，南通博物苑藏）。

元宵，与应野平合作兰石立轴（私人藏），题识："病腕与花瘦，诗肠共气回。只缘酬一笑，曾倒百金罍。壬午元宵，野苹写石，白蕉种兰，为明夷先生博粲。"

4月上旬，题女弟子作兰花横幅（私人藏）。22日至26日，于上海大新公司四楼画厅举办第二次"白蕉书画金石展"。剡溪白华作《白蕉书展索题》记之："起陆龙蛇樽畔招，不中于圣亦大骄。辋川诗境兰亭笔，今日江南见白蕉。"是月，行书古人名言（扇面，私人藏）。行书"和气所含修辞立德，谦恭为卫受福宜年"对联（私人藏）。作松枝兰花图（立轴，私人藏），题识："秋不改香，寒不改容。云间之兰，杭郡之松。壬午四月，白蕉寄意。"行书"笼梅念竹有真意，翦水琢冰无俗痕"对联（私人藏）。行书自作诗"意在何妨瘦……"等二首（扇面，私人藏）。

5月，与唐云合作兰竹扇面（私人藏），题识："兰有子兮竹有孙，谓谁之囿兮笑语温。壬午云间居士白蕉。"

6月8日，与金学仪于上海邓脱摩饭店举行婚礼，好友邓散木、徐悲鸿、唐云等均作佳作以贺。金学仪为上海青浦县淞泽村人，为白蕉第二夫人，人称"蕉娘娘"。二人共育有前男、民生、何平等二子一女。是月，杂书集联扇面两帧（私人藏）。

夏，作兰竹立轴（私人藏）。行书黄庭坚《书林和靖诗》（扇面，私人藏）。为庆华作兰花扇面（私人藏），题识："春风先上笔尖来。"作兰石条幅（私人藏），题韩愈《漪兰操》；行书节录苏轼《书砚》（成扇，私人藏）。与唐云、应野平合作兰石梅花图（立轴，私人藏），题识："白蕉写兰，野平写石，唐云种梅，时壬午长至日万楼晴窗。"为仲林书行书自作《菩萨蛮》词一首（扇面，私人藏）。为和初作书法兰花扇面（私人藏）。楷书节录袁宏道小品文《丘长孺》（立轴，私人藏）。作兰石扇面（私人藏），题识："心余昔谱空谷香，云间今写香国王。湘神斟我一斗酒，掷笔三更月满床。"小楷陶渊明《桃花源记》扇面（金山博物馆藏）。为师子作行书"天下无难事亦无易事，人间有苦时方有乐时"对联（私人藏）。

秋，为野樵作兰花（集锦扇，私人藏）。为本立初作书法兰花成扇。行书节录王昶《诫子书》（镜片，私人藏）。为馨谷作行书"明德惟馨天可格，虚怀若谷古为师"对联（私人藏）。作兰竹石三清图（立轴，私人藏），题识："梅之冷，竹之清，兰之幽，君子之交，闷与天游。壬午秋云间白蕉作于愚楼。"行楷书"道德神仙增荣益誉，福禄欢喜长乐永康"对联（私人藏）。

是年蒋梅笙夫妇移居外地，留有住房一套，位于上海愚园路259弄18支弄连生里3号，白蕉夫妇婚后即居于此处。同年白蕉好友唐云来沪，经介绍借宿于附近江苏路中一新村，自始白、唐两家往来频繁。

是年，开始用“复生”号，至晚年更号“复翁”。沈禹钟为白蕉作《赠云间白蕉序》，发表于《小说月报》第24期。作草书“不信蛟龙长失水，且看草木自成春”对联（私人藏）。临王羲之草书（团扇，私人藏）。行书“古今来许多世家无非积德，天地间第一人品还是读书”对联（私人藏）。行书节录《后汉书·李膺传》（立轴，私人藏）。行书节录苏轼《跋钱君倚书遭遗教经》（扇面，私人藏）。楷书“静坐使人无俗气，虚堂尽日转温风”对联（私人藏）。行楷书“客衣半湿松花雨，鹤影先分竹院秋”对联（私人藏）。为金良作兰花图(镜片，私人藏)。为和李作兰花图（立轴，私人藏），题识：“不画夭桃写宋梅。”作兰竹立轴（私人藏），题识：“兰号美人，竹称君子；兰托迹岩阿而有幽芬，竹则密节虚心故宜平安。云间尝见竹思兰，见兰思竹。今使其共苔岑，同出处，云间其为曹邱矣，呵呵。献子又题于愚楼。”为之风行书节录古文“方苦溽暑……”（扇面，私人藏）。为狄平子作行书联“山林习静闻仙梵，风雨论文想故知”（私人藏）。作兰花书法双面成扇（私人藏），兰花面题识：“不重香而重品，云间之饮。淋漓墨渖，伴花忘寝。壬午白蕉。”作书法兰花扇面成扇（私人藏），兰花面题识：“偶然挥洒何须讶，管领清芬五百年。壬午云间。”作兰竹双清图（立轴，私人藏）。行书王阳明《龙潭夜坐》诗一首（镜片，嘉定文史馆藏）。为季林书行书《杂诗》二首（扇面，私人藏）。为汪亚尘书行书自作诗“沉醉归来夜未央……”一首（扇面，私人藏）。行书“天下有二难……”古语扇面（私人藏）。为钧棠草书节录《世说新语》（扇面，私人藏）。行书自作诗“沉醉归来夜未央……”一首（镜片，私人藏）。为志吾书行书自作诗“不易霜蔬入破铛……”等二首（册页一开，私人藏）。作竹篮兰花图（立轴，私人藏）。行书自作诗《记阿益》四首（扇面，私人藏）。

1943年　癸未　37岁

1月，行书《兰说》杂记（册页，私人藏）。行书节录《晋书·谢玄传》（镜片，私人藏）。

2月，守岁作三清图（立轴，私人藏）并自作诗。是月，日伪方面指定白蕉与邓散木等人出席所谓“中日文化协会”，并作为华方发言人。白、邓二人均撕毁请帖，不予理睬。

3月，作行书联“世事无穷做到老学到老，人生有几得宽怀处且宽怀”（私人藏）。

4月19日至25日，于上海大新公司四楼画厅举办第三次“白蕉书画展”，并门弟子作品附展，展品三百余件，画占三分之一，书多楹联，画以兰、竹、石居多。

春，与唐云合作《清供图》（立轴，私人藏）。为弟子傅训（式诏）书篆刻润例。

夏，为赵厚甫之母项太夫人六十寿作《兰馨芝寿图》（册页，私人藏）。为守惕作兰花扇面（私人藏），题识：“和靖梅，渊明菊，茂叔之莲，东坡竹，同心之友未孤独。”为涌泉作兰石扇面（私人藏）。为柏华行书节录元好问《跋闲闲自书乐善堂诗》并兰花扇面（私人藏），兰花题识：“癸未长夏云间白蕉又笔。”为光炜行书节录袁枚《容斋随笔》（扇面，私人藏）。为傅式诏作小楷书王阳明《咏柳》诗四首（扇面，私人藏）。行书自作诗“暂得安闲去……”一首（扇面，私人藏）。为辅卿行书节录袁枚《容斋随笔》（扇面，私人藏）。为云麟作《兰馨芝寿》扇面（私人藏）。

秋，为壬午所作兰竹石三清图作行书诗堂，录自作诗两首。为开章作行书节录元好问《跋闲闲自书乐善堂诗》。好友朱奇石为嘉兴古刹楞严寺索书，为其书自作题写竹诗一首（立轴，嘉兴博物馆藏）。

10月1日，周炼霞生日，于上海梅龙镇酒家设宴，白蕉与众好友前往道贺。是月，为壬午所作竹篮兰花图作行书诗堂，杂记旧事；作兰花横幅，题识：“云间一日在木然块然之境味酒趣。阿翀洗研来问佳墨，阿逸复来捉我臂。莞尔而起，写此大佳。”

冬，为达邦作兰花立轴（私人藏），题识：“为王者香，入善人室。”

12月12日，鸿英图书馆主办二酉书画金石展览，白蕉有作品参展。

是年，任上海鸿英图书馆主任。草书贾岛《寻隐者不遇》（斗方，私人藏）。与唐云等合作集锦扇，书自作诗“策下本无人……”一首（私人藏）。行书录王羲之《积雪凝寒帖》（扇面，私人藏）。行书“快雪时晴惟想安善，惠风和畅游目骋怀”对联（私人藏）。作兰竹石扇面（金山博物馆藏），题识：“见兰思竹，睹竹念石，端人之友，君子何所则。癸未云间居士白蕉。”为扶霄作兰花扇面（私人藏），题识：“岂为郑公兰，闲却拏云手。”作兰花小品（私人藏），题识：“同心之言，其臭如兰。”作兰花镜片（私人藏），题识：“为王者香，入善人室。”作兰石立轴（私人藏），题识：“好诗都为灵风荐，却忆当时对谢庭。”行书王安石《悟真院》等诗二首（扇面，私人藏）。为源根书行书哲语扇面（私人藏）。为国璋作行书“曲室一间在此坐，长风九万极其游”联（私人藏）。作《松兰图》并草书节录李白《于五松山赠南陵常赞府》诗堂。行书题胡也佛《对镜梳妆图》。行书自题写竹诗（镜片，私人藏）。行书陶渊明《桃花源记》（四条屏，私人藏）。为岩基作芝兰扇面（金山博物馆藏）。为仰贤作行书联“粝食粗衣随分足，安时处顺得心闲”（私人藏）。为延麟行书白居易《题岐王旧山池石壁》（扇面，私人藏）。

1944年　甲申　38岁

年初，作竹石图（镜片，私人藏），题识：“甲申岁始，试东豪写长身君烟缔露结之态。”

2月，行书唐宋诗八首（手卷，私人藏）。

3月16日，与唐云、来楚生、马公愚等合办东南书画社，开馆招生授徒，于《申报》刊登招生广告：学科分山水、人物、佛像、仕女、花鸟、虫鱼、走兽、博古、兰竹、书法、金石、诗文；教师有白蕉、沈子丞、来楚生、唐云、马公愚等十三人，地址位于愚园路67弄东庙弄6号双青楼。

4月13日，黄炎培作诗挽沈信卿，并寄白蕉等友人。

夏，为慕炼行书节录虞龢《论书表》并兰花扇面（私人藏）。行书节录刘向《说苑·建本》（扇面，私人藏）。

7月22日，于《申报》刊登鬻书画启事，并招学生两名。

秋，为浙明四十寿行书节录《神仙传》（立轴，私人藏）。为瑞生行书对联“取静于山寄情于水，虚怀若竹清气若兰”（私人藏）。为兰石先生行书王安石《桃源行》（私人藏）。

9月15日，东南书画社业余研究班于《申报》刊登第三届招生广告：学科分山水、人物、佛像、仕女、花鸟、兰竹、书法、金石、诗文。个别教授，分初、高级两级。教师有白蕉、沈子丞、张炎夫、唐云、马公愚、周炼霞等人。

11月，《东南书画集》（第一集）由东南书画社编辑发行，天一珂罗版印刷社印刷，书画集内附教授简章、宗旨，白蕉有书画作品入选。为理彬四十寿作《兰馨芝寿图》（立轴，私人藏）。

仲冬初雪，沈禹钟、邓散木等好友来访，饮酒作诗。白蕉分得“颜”字韵，作五言诗一首，该诗诗稿仅存三种（其一为金山博物馆藏，另二种为私人藏），略有差别。

是年赋闲在家。为唐云雏鸡册页题签并作跋语。作幽芬兰花团扇（私人藏）。为企林七十寿作《兰馨芝寿图》（册页，私人藏）。行书陆游《湖上秋夜》等诗二首（扇面，私人藏）。为淞岫行书对联“取静于山寄情于水，虚怀若竹清气若兰”（砚峰书院碑林镌石）。为梓棻行书论书语一则并兰花扇面（私人藏）。行书王安石《松间》诗（册页，私人藏）。为钱化佛六十寿行书吉语贺寿（镜心，私人藏）。行书陆龟蒙《白莲》、郑谷《莲叶》诗（扇面，私人藏）。为侠尘楷书录阮籍《咏怀诗》（扇面，私人藏）。行书自作《饮酒》诗（扇面，私人藏）。为张母华太夫人作《兰馨芝寿图》（立轴，私人藏）。为周菊初行书陆游《闻武均州报已复西京》（扇面，私人藏）。行书《关羽与曹操书》（扇面，私人藏）。行书曹植《杂诗》三首（扇面，私人藏）。行书陆游《道室即事》等三首（扇面，私人藏）。

1945年　乙酉　39岁

年初，行书关羽《又复曹孟德书》（立轴，私人藏）。

春，作《盆兰灵芝图》（立轴），题自作诗“富贵纵声华……”一首。

3月，行书李白《送贺八归越》、王安石《初夏即事》诗（立轴，私人藏）。

夏，为厚德行书“蹈德咏仁神无不畅，正身履道卑以自居”联（金山博物馆藏）。为和均行书《定川草堂题跋》（扇面，私人藏）。为叶枫行书苏轼《袁宏论佛说》并兰花扇面

（私人藏）。为厂山作《兰竹双清图》并自作印印蜕扇面（私人藏）。

秋，与同乡方冲之等创办南浦中学（今张堰中学前身），任校董兼书法教员。

冬，行书节录《后汉书·光武帝纪下》（扇面，私人藏）。

是年，因丁未羊年为白蕉农历生年，来楚生为白蕉作丁未羊形肖形印。行书节录曹臣《舌华录》（立轴，私人藏）。作兰花扇面（私人藏），题识："建品中之奇白曰'鱼魫'，或名'玉干'，或名'玉魫'，妙香殊胜。他种皆叶罩花，而此独花架叶。乙酉云间白蕉。"为邦贞行书古语并兰花扇面（私人藏）。行书自作诗"沉醉归来夜未央……"一首（扇面，私人藏）。为季良行书自作诗《喜闻顽寇乞降，一跃而起，遂至酩酊》（立轴，私人藏）。行书乙酉自作诗手卷（私人藏）。为逸云行书陆游《长歌行》（扇面，私人藏）。

1946年　丙戌　40岁

5月5日，参加鸿英图书馆会餐。

入夏，患重听症，至重阳节前后方复原。

夏，题徐从初山水册并录苏轼跋语（私人藏）。

7月6日，访黄炎培。

7月25日，获袁枚小仓山房旧用砚两方，其一为蕉叶白。

二砚皆细润厚重，极为发墨。白蕉甚为喜爱。

10月23日至29日，于上海宁波同乡会五楼画厅举办第四次“白蕉书画金石展”。

11月7日，黄炎培寄赠所作《飞京》《苦口》两诗。同月21日，寄赠《兵余游湖》十三绝句。

是年，与邓散木、唐云、顾青瑶、凌虚等于南京香铺营文化会堂举办“海上六家书画展”。某公从中作梗，险误揭幕，邓散木斡旋其中，最终以白蕉治对印解围。同年，结识郑曼青、谢稚柳。题徐悲鸿《毛竹双清图》。行书苏轼《雪霁》诗（扇面，私人藏）。

1947年　丁亥　41岁

春，行书自作诗《布谷》一首（扇面，私人藏）。

3月5日，为黄炎培刻马相伯纪念杖，送至黄炎培处。

3月21日，与同人于上海中国画苑发起举行“梁俊青、吴曼青伉俪画展”。

4月3日，施叔范、胡云翼约游南湖。同行者有郎静山、邓散木、余空我诸人。

4月，国民政府上海教育局发起组织“上海市美术馆筹备处”，并提请第七十一次市政会议讨论通过。白蕉任征集委员会委员。

5月，作《布谷》等诗作二首，诗稿寄姚鹓雏。

6月2日、9日，致信姚鹓雏。

夏，行书《云深处杂诗》二首（立轴，私人藏）。为李海霞行书自作诗《布谷》一首（扇面，私人藏）。

7月4日、26日，致信姚鹓雏。

8月15日，适为日寇投降二周年纪念日，同社共赋，白蕉作七绝五首。行书该五绝赠唐云（扇面，唐云艺术馆藏）。

8月24日，致信姚鹓雏。

秋，自作诗五首诗稿寄姚鹓雏。为翁运凡行书自作诗“出蜀旌旗照百城……”等二首（私人藏）。为叶寄深盆景作品《寿杞》照片题自作诗一首。

9月2日，致信姚鹓雏。是月中旬，姚鹓雏返乡，与众好友游览沪西淀山湖，白蕉随行。并与孙雪泥、程十发等人自松江乘船至吴家湾汇花小学访沈瘦东。月末，姚鹓雏寄来于右任书轴。白蕉于29日致姚鹓雏回信中赞于右任书法“大气流转……将永为世宝”。

10月，母亲患伤风病危，思子心切，白蕉遂返回金山探望。时国民党县长为笼络名士，亲自邀请白蕉赴宴。席间，伪县长出言污蔑共产党，为当局粉饰。白蕉当即严词驳斥，事后被怀疑为地下党员，被列入黑名单。后因及早解放，未遭毒手。

10月17日，致信姚鹓雏。

冬，与来楚生、唐云等合作《盆兰水仙梅花图》（立轴，私人藏）。

11月13日，黄炎培寄赠所作《七十写怀》。是月与吴湖帆、沈尹默等四十七名书画家向中国红十字会捐赠作品。

12月16日，参加《新浦东报》复刊会议。同月26日，黄炎培来信并附近作诗一首。

是年，所作《临池剩墨》发表。跋俞剑华《黄山大观图》（私人藏）。题孙雪泥青菜图。与邓散木、施叔范合作兰石图（金山博物馆藏）。行书杜甫《春夜喜雨》一首并兰花扇面（私人藏）。与十五家合作“寿”字集锦扇（私人藏）。行书自作《云深处诗》二首（立轴，私人藏）。行书自作《游虎丘诗》一首（立轴，私人藏）。为唐云作自作诗五首楷书扇面（朵云轩藏）。为宣铁吾五十一寿诞，与江寒汀、唐云等合作《富贵亦寿图》（镜心，私人藏）。行书自作绝句十二首（四条屏，私人藏）。为宗炎行书自作诗“一梦初回午枕闲……”（扇面，私人藏）。行书自作诗九首（手卷，私人藏）。行书杜甫《崔氏东山草堂》（扇面，私人藏）。为景文行书自作《云深处诗》一首（扇面，私人藏）。为海藩行书孟浩然《美人分香》等诗二首（扇面，私人藏）。为源根行书自作诗“岁岁江头理酒卮……”一首（扇面，私人藏）。为雨苍行书自作诗“更深得味亲孤檠……”一首（扇面，金山博物馆藏）。

1948年　戊子　42岁

正月，作歌行体长诗，寄呈姚鹓雏。是作书法碑版意味极浓，为白蕉生平作品中所仅见者。

2月1日，致信姚鹓雏。

2月13日，中日书法名家座谈会于华懋饭店七楼举行。白蕉作为中方代表之一参加。

2月18日，致信姚鹓雏。

春，与邓散木、余空我、施叔范等友人于嘉兴南湖小叙。行书节录米芾《海岳题跋》（扇面，私人藏）。作兰花立轴并行书题兰诗堂（私人藏）。为维新行书自作诗《闲情》一首（扇面，私人藏）。为江蔚云作芝兰扇面（浙江省图书馆藏）。

3月，锡纯召集白蕉、唐云共饮，白蕉特从金山乘车赶来。与唐云合作书画扇（私人藏），行书自作诗“嘴内何曾出象牙……”一首并兰花小品赠之。

4月6日，同郑午昌、陈定山、夏敬观、陈仲陶等组织沙龙燕集诗社。

4月23日至28日，于上海中国画苑举办第五次书画金石展。

4月26日，黄炎培寄来所作《吴山六绝》诗作。

6月10日，与李祖韩、李秋君、郎静山等在美术俱乐部举行雅集。

夏，为春波作兰花立轴（私人藏），题袁桷诗一首。为翁史烱行书节录《晏子春秋》（镜片，私人藏）。作兰花扇面（私人藏），题识：“‘代梅’，俗所谓并蒂兰者也。戊子夏日，云间居士。”为晓仙作兰花扇面（私人藏），题识：“人间到处惜微馨，结想谁知入窗冥。江介黄尘高百尺，艺兰种竹故惺惺。戊子夏日为晓仙先生清赏，复翁白蕉并题。”为逵吉作《护芳图》兰花扇面（私人藏）。行书古语并兰花扇面（私人藏），兰花题识：“为王者香，入善人室。戊子长夏，云间居士白蕉。”作兰石立轴（私人藏），题明张以宁诗一首。行书元好问《感事》诗，并《石交图》扇面（私人藏）。为林子青行书苏轼、杨万里诗扇面（私人藏）。

7月，为钱化佛行书“寿”字册页（私人藏）。

8月，神州国光社经理俞巴林设宴招待黄宾虹。白蕉与邓散木、余空我、唐云等人作陪侍饮。

8月19日，与邓散木、余空我等在友声旅行团约请黄宾虹。

9月6日，作兰石立轴（金山博物馆藏），题识：“秋晨天漏，至申未休。门外被水围，不得出咫尺。吴越良会遂阻，弄笔成此，则已云动雨散。闻楼外仕女，涉水喧笑声矣。私忖少我三十年，必赤脚进后花园，不顾老人骂也。童年情景恍如昨日。戊子九月六日，白蕉并记。”是月上旬，与姚鹓雏、余空我等约饮，席散后同访黄宾虹。

11月，书自作诗四首，寄呈姚鹓雏。19日，访黄炎培。

初冬，与邓散木、孙雪泥同访沈瘦东。

12月，《书法大成》由上海万象图书馆出版，中央书店发行。该书为当时四十余位书法名家书法集成，内收白蕉书法小品多幅并草书运笔示范。

是年，赴无锡与邓散木合办书画展览。发表《云间书跋甲集》《云间画题乙集》《客去录》等文章。行书自作诗《读史一首》（扇面，私人藏）。为廷宗行书自作戊子《销夏吟》三首（立轴，私人藏）。作兰花扇面（私人藏），题识："谁言别有幽贞在，我已相忘臭味中。戊子白蕉。"作兰花"幽芳"扇面（私人藏）。作兰花扇面（私人藏），题识："想深山丛薄中，蔼然其芳，日驰精爽。"行书自作戊子《销夏吟》十首之二（扇面，私人藏）。行书节录《长短经》（立轴，私人藏）。为傅式诏行书自作诗《悲上海》一首（扇面，金山博物馆藏）。行书自作诗《题危楼读史图为边远公》一首（立轴，私人藏）。为荣麟作兰花扇面（私人藏），题识："幽兰日日吹古香。"为希纯行书自作诗二首（扇面，私人藏）。为文德行书自作诗《读史》一首（扇面，金山博物馆藏）。为傅式诏楷书自作诗二首（扇面，金山博物馆藏）。

1949年　己丑　43岁

春，为应南作兰石图（立轴，私人藏），题识："陶元亮云：清风脱然至，见别萧艾丛。是兰心不改，气不移，亦有待于光风之转。"

3月，与邓散木合著《钢笔字范》，由上海中央书店印行。

5月16日，再题去年所作兰石立轴（金山博物馆藏）。24日，老友李海霞设午食招待，偕姚鹓雏同往。饭罢品茗之时，忽传翌日戒严之令，而上海解放矣。感慨之余，遂步姚鹓雏韵作诗一首，行书录诗并作兰花扇赠李海霞（私人藏）。

5月25日，上海解放。凌晨观解放军行列，有感而发，作

《新世纪卅八年五月廿五日上海解放凌晨观解放军行列》一首（镜片，吴江柳亚子纪念馆藏）。另有同内容扇面若干，至今发现四种，一为金山博物馆藏，其他三种为私人藏。

大暑，行书节录隋文帝诏韩擒虎、贺若弼（镜片，私人藏）。

9月29日，与姚鹓雏、柳亚子夫妇同游无锡梁溪。

冬，苦于饥饿，自感将死，遂自号“线上人”，意即在饥饿线上挣扎之人。

12月31日，黄炎培来信。

是年，为炼生行书节录沈括《梦溪笔谈》（立轴，私人藏）。作兰花小品并行书题自作诗“闲日追随意自亲……”一首（镜片，吴江柳亚子纪念馆藏）。为永漳作兰花扇面（私人藏），题识：“乐记二：刚气不怒，柔气不慑。眉山论书诗：端庄杂流丽，刚健含婀娜。正是兰道不劳，复翁向登堂弟子再作偈语，为永漳先生发笑。白蕉。”为庆生行书“珠星璧月悬千古，瑞气卿云聚一家”对联（私人藏）。为耕心行书自作诗《筹南论》一首（扇面，私人藏）。行书唐诗三首（扇面，私人藏）。

1950年　庚寅　44岁

2月，傅式诏得佳纸索书，白蕉试尧千氏紫玉光墨，行书毛泽东、柳亚子沁园春唱和词赠之（手卷，私人藏）。行书陶渊明《九日闲居》《咏荆轲》诗二首（手卷，私人藏）。

春，得佳纸墨若干，排日用以试书，遣情忘饥，所作多为精品。试创观斋藏墨，行书杜甫《饮中八仙歌》（手卷，私人藏）。试云间徐长发题麝香月、徽城旺近圣造墨，行书陶渊明《饮酒》十首之三（手卷，私人藏）。行楷书题唐云为西爽所作花鸟立轴。

谷雨，为答谢翁史烱赠笺纸，试墨一十六种，行草书旧作诗六十一首（册页，私人藏）。

5月，行书苏轼《和子由记园中草木》诗十首（手卷，私人藏）。24日晚，试宿茧纸，行草杂书古近体旧作诗十二首（手卷，私人藏）。

6月，为包六科《奇拙楷书习字范本》作跋。

夏，试文林暎采墨，为翁史烱行书自作题写竹旧句并兰花扇面（私人藏）。行书古人酒诗五首（手卷，私人藏）。试尧千氏海曙云霞和山外山房墨，为其淑行书节录《铁崖乐府》《世说新语》（扇面，私人藏）。

8月，好友唐云四十岁生日，得友人所赠石砚。白蕉为其题写砚铭："疏以密、博而精，魁梧奇伟以艺鸣，此石磨墨亦磨人，不能磨者万千春。"

秋，柳亚子南下探亲至上海，离沪回京时，白蕉送至苏州。临别时，柳亚子交与白蕉一信，请其找时主管华东军管会文物处的徐森玉、唐弢二位领导。然白蕉不肯凭名人托介而得工作，遂将书信留下未发。之后，柳亚子见推荐之事无进展，在京告知陈毅市长。华东军管会委派沈志远、沈之瑜上门邀请，于是白蕉参与了当时上海文化管理工作，任职上海市文化局文艺处，参与筹建上海美术展览馆。

10月29日，上海新国画研究会成立，简称新国画研究会。白蕉任常务理事之一。

冬，作兰石图（横幅，私人藏），题识："粤东人来语云间生曰：'读君兰蕙，饮醇挹清。何以得此？'云间曰：'昔唐高祖有言，名利之场，锋镝纵横。此花向在山中，飞雪层冰，本来无事。腾芳送韵，君偶得之。'庚寅冬至后三日，云间白蕉。"

是年，白蕉母亲去世。行书杜甫诗二首（扇面，私人藏）。作兰花扇面（私人藏），题识："意在何妨瘦，秋深香更多，美人不可见，慷慨想三河。"为慕仁作兰花小品（镜片，私人藏），题识："二月春风起睡仙，乾坤无恙酒杯圆。偶然挥洒何须讶，管领清芬五百年。"行书节录李日华《六研斋三笔》（立轴，私人藏）。行书节录欧阳修致王懿敏书信（扇面，私人藏）。为尊三行书苏轼《莘老葺天庆观小园有亭北向道士山宗说乞名与诗》（扇面，私人藏）。行书苏轼《寄题刁景纯藏春坞》（扇面，私人藏）。与二十一家合作册页，作兰花图赠厉国香（私人藏）。行书毛泽东《沁园春·雪》手卷。行楷书杜甫《佐还山后寄》等诗四首（扇面，私人藏）。为渭臣行书毛泽东《长征》（扇面，私人藏）。

1951年　辛卯　45岁

任上海市文化局社文处图书馆科代科长，参与筹建上海图书馆。

夏，行书志愿军战歌（扇面，私人藏）。

10月1日，复信翁史烱（私人藏）。

年底，妻李畹芬不幸遭遇车祸昏迷，后入院治疗长达三个月。出院后双臂无法上举，白蕉又陪同其寻医诊治，与子女悉心照料。

是年发表《略论国画的思想问题》等文论。跋陆俨少《松隐庐图》。为郑午昌行书“桂棹莫辞三百曲，梅花小寿一千年”对联（私人藏）。为孝鲁行书自作诗“昨夜明明梦亦夸……”等四首（扇面，私人藏）。为荫泉行书节录鲁迅《门外文谈》（扇面，私人藏）。

1952年　壬辰　46岁

1月6日，致信黄宾虹。

春，于华东文联（今上海美协）仓库，发现蒋兆和佚失多年之《流民图》，于是立即写信告知蒋兆和。《流民图》裱托之后，由白蕉亲自送往北京。

10月1日，行书“无一物不获所，为万世开太平”对联

（私人藏）。

12月13日，复信黄宾虹。是月，为黄宾虹治印，黄宾虹作画以答。

是年任上海市文化局文艺处美术科科员，协助恢复中共一大会址。同年，上海市人民政府开始筹组上海市美术家协会，由涂克及白蕉负责，组织画家学习三个月。行书“抗美援朝，卫国保家”联（私人藏）。题两年前所作毛泽东《沁园春·雪》手卷，赠象如先生（金山博物馆藏）。行书“团结就是力量”横幅（私人藏）。行书自作诗《自讼》等五首（扇面，私人藏）。

1953年　癸巳　47岁

2月26日，华东行政委员会文化局为黄宾虹颁发奖状，由白蕉书写。

暮春，与海上同人赴常熟虞山访胜。为施启东作《灵山行吟》手卷。施启东赠诗以记之：“云间有美士，三绝誉春申。兰写所南意，书传逸少神。试茶憩古寺，访墓感孤臣。胜慨成诗卷，萧斋惠笈珍。”

7月26日，参加刘象如为吴湖帆、梅畹华六十生日设宴。席间白蕉向冒鹤亭索诗，冒鹤亭即席赋诗赠之：“照座云间彦，谈天月下樽。法书追晋宋，嘉贶逮儿孙。问疾铭高谊，携家辱枉存。鹅溪还欲乞，一补所南根。”

8月30日，携上海国画家作品启程前往北京，参加“全国国画展览会”评选。

8月31日，抵京，住徐悲鸿府上。其间忙于国画展览会工作事宜，拜访文艺界领导及同仁，并与徐悲鸿相聚。于徐悲鸿画室邂逅姚鹓雏，二人皆欣喜不已。开会间隙，徐悲鸿陪同白蕉拜访齐白石，齐白石为白蕉画《芭蕉图》。当日，齐白石招同和居“行厨”登门烹饪，设宴招待悲鸿与白蕉。席间，白蕉微醺之际灵光闪现，即景即情，遂作诗一首：“同和鲁味我尝新，举酒相看目有神。八十七仙添一个，玄袍朱杖白须人。”

白蕉此次赴京在徐府逗留一周余，临行，徐悲鸿送白蕉近作一卷。返回上海不久，即接到徐悲鸿逝世消息，悲痛不已。立即作挽诗悼之，寄与在京友人艾青，嘱其交治丧委员会。

秋，为周枫行书杜甫《茅屋为秋风所破歌》（手卷，私人藏）。

是年为越剧电影《梁山伯与祝英台》书写字幕，该片由上海电影制片厂摄制，为第一部国产彩色戏曲艺术片。草书节录《三国志》（扇面，私人藏）。行书《北行绝句》“水清已改旧芦塘……”“同和鲁味我尝新……”各一幅（立轴，私人藏）。

1954年　甲午　48岁

4月27日，参加华东美术协会成立大会。

5月25日，致信黄宾虹。

9月29日，致信叶寄深。

12月，上海市文化广场舞台落成，为该工程书写竣工碑。

是年，由陈毅市长授意，上海市文化局在绍兴路举办“美术工作者学习班”。白蕉任秘书长。

得黄宾虹寄赠所作《溪山伐舟图》。为谢稚柳行书《北行绝句》四首并兰花扇面（私人藏）。为杨振华行书毛泽东《沁园春·雪》（扇面，私人藏）。

1955年　乙未　49岁

2月20日，致信叶恭绰（私人藏）。

3月15日，为唐云草书毛泽东《长征》诗（手卷，私人藏）。同月12日，参加中国美术家协会上海分会举行的美术家座谈会，就反对创作中的形式主义和自然主义发言。

3月，为黄宾虹送殡，留杭州三日得诗四首，同行有赖少其、江寒汀、贺天健、唐云、林风眠、赵延年等。行书杭行自作诗四首（手卷，私人藏）。

4月11日，得翁史烱赠佳墨，复信致谢。

8月8日，致信钱君匋。

10月1日，为可钧行书“劳动创造新天地，人民扭转旧乾坤”对联（私人藏）。

是年，行书“说食寮”横幅（私人藏）。为光先行书《杭行绝句》二首（扇面，私人藏）。为明清行书杭行《泛湖》二首（扇面，私人藏）。

1956年　丙申　50岁

1月20日，行书自作诗《庆祝上海市进入社会主义社会欢呼纪实》一首（镜片，私人藏）。

2月29日，上海美术工作者三十三人乘专车去常熟虞山写生，前后四日，得素材二百余幅、纪行诗十首。

5月上旬，与上海国画作者孙雪泥、贺天健、钱瘦铁、沈迈士、江寒汀、唐云、吴青霞、俞子才、张守成及西画、雕塑家张充仁等二十三人赴苏州旅行写生。日程为天池、华山、灵岩、天平及诸园林名胜。洞庭东西山，则因雨未去。先后七日，统计得素材二百余幅。白蕉得十绝句。其间，拜访周瘦鹃紫罗兰馆。13日，致信钱君匋，为钱君匋《新罗画丛》题签并寄去字样。

6月3日，为周煦良行书自作游苏杭诗（手卷，私人藏）。

7月初，参加上海美术界百家争鸣座谈会。后应上海《文艺月刊》赶急约稿，仅用一晚，以上海为例，结合书法篆刻艺术存在现状，撰《书法与金石篆刻也是“花”吧？》。

8月3日，上海中国画院筹备委员会正式成立，白蕉任委员之一。时筹委会主要工作即挑选画师入院。因上海书画名家特多，白蕉时任秘书主任，于画师之选留，颇费踌躇，无意之中亦难免得罪于人。以至有人写诗，讥之为“梅园天下白家班”，以泄心中不平，意指画院乃吴湖帆之天下（因吴湖帆斋号“梅景书屋”，入选者多有吴湖帆之弟子），选留一班人员均为白蕉亲故。事实上，画院人事问题，均据各人实际情况综合考量，集体确定，本非一人所能定夺。白蕉于此只能一笑了之。奈何此事后来竟成为白蕉划归“右派”的“罪证”之一。

9月5日，致信黄敦良。

9月8日，上海中国画院第一批画师名单公布，白蕉名列其中。

9月10日，上海中国画院发布行政工作人员名单（草案）。白蕉任院务委员兼秘书主任。

9月24日傍晚，与江寒汀等人同赏昙花于画院，为江寒汀昙花写生题款。

11月14日清晨5时，所撰《百家争鸣中关于提倡书学的问题》约一万字脱稿。

11月25日，于《文汇报》发表《朱耷的政治讽刺画》。

是年，所著《新字帖》由上海文化出版社出版。

1957年　丁酉　51岁

1月17日，致信吴湖帆。

1月20日，上海中国金石篆刻研究社成立，白蕉赴会致辞并成为该社社员。

春节，与江寒汀合作《兰石图》（立轴，私人藏）。

3月15日，致信翁史炯。17日4时，《百家争鸣中关于提倡书学的问题》一文定稿。为勤孟行书宝玉与黛玉论禅语（立轴，私人藏）。

4月9日，召集并参加上海中国画院筹备委员会学习领导核心组举行的第一次会议。

5月14日，参加上海市委宣传部工作会议美术界代表小组漫谈，与张乐平等认为领导上还应鼓励大家无保留地“放”，并设法解决问题。

5月22日，于《解放日报》发表《要重视书法和金石篆刻》。该文为白蕉于鸣放会上所作之书面发言，文中论及当时我国不及日本重视书法，将来书道或要求之东瀛。谁知此后却因此发言而被划为“右派”。

6月，被划为“右派”，降职、降薪，并下放至上海中国画院图书馆为管理员。

夏，得吴湖帆所作《白蕉图》。

7月27日，参加上海美术界人士座谈会。

9月8日，为寒若行书写兰绝句（立轴，私人藏）。16日，齐白石在京逝世。白蕉无限悲伤，连夜撰写《悼人民艺术家白石老人》，发表于9月22日《新民晚报 · 夜光杯》。

年末，老友邓散木从北京来信，信中说白蕉一向“独眼看世界”，恐其直言获罪，提醒白蕉“说话更要留点神”。无奈白蕉此前几与邓散木同时被划“右派”。

是年，草书曹操致钟繇书（立轴，私人藏）。为寒若作盆兰立轴（私人藏），题识：“看花人不多，看叶人更少。不知花有无，且看发叶好。”行书自作诗《喜闻长江大桥通车并庆祝十月革命四十周年》并兰花册页（私人藏）。为温州工艺美术研究会作兰花一帧，作对联“海为龙世界，云是鹤家乡”“团结就是力量，艺术应为人民”（私人藏）。

是年为白蕉一生境遇之转折点，自此以后，白蕉身体及精神状态均大不如前。

1958年　戊戌　52岁

4月，作兰花立轴（上海中国画院藏），题识：“一香可喜之外，具风和日丽之观。群情所可，兰意亦笑。一九五八年四月，复生白蕉。”

5月，作兰花立轴（上海中国画院藏），题识：“踯躅千山里，移来谷外香。迎人齐作笑，喜气本难量。”

7月，为叶璐渊行书题兰杂句（扇面，私人藏）。

1959年　己亥　53岁

是年正月，为陆俨少作书，陆伊少借书后余纸作《余楮漫画图》回赠。

4月，为停云馆主行书唐人绝句四首（扇面，私人藏）。

5月1日，捡得日本纸，行书自作诗词五首（手卷，金山博物馆藏）。

初夏，与唐云合作兰石菊花图（上海中国画院藏），题识："无穷出现新鲜事，眼见耳闻日不同。合作一番小汇报，夏兰秋菊共春风。忆春节人民公园所见与大石合作。时一九五九年初夏，白蕉并题。"

10月，国庆十周年，行书自作诗《颂人民公社》（横幅，私人藏）。

是年，白蕉自制笺纸试笔，白蕉写竹，陆俨少补松石，成《松石长青图》（立轴，私人藏）。作兰花册页两帧（私人藏）。行书自作诗《节日夜游》一首，并兰花册页（私人藏）。为翁史烱行书自作诗《节日夜游》一首（手卷，私人藏）。行书自作诗《上海解放十周年》草稿（手卷，私人藏）。行书自作诗《理交游所遗无色茧纸兴至遂书》等二首（扇面，私人藏）。行书《国庆十周年》三首手卷。作兰花斗方（私人藏），题识："写到东风笔自飞，情动神飞，笔歌墨舞。不自知身在东风，三千六百日也。白蕉即奉为冠兄花甲纪念。"

1960年　庚子　54岁

2月25日，邓散木寄来《书法史编写提纲》，表示欲撰写专著。

6月20日，上海中国画院成立。白蕉被聘为画师。

秋，徐悲鸿夫人廖静文专程来沪征集、商借徐悲鸿书画作品，以充实徐悲鸿故居纪念馆陈列展出。白蕉夫妇为此特地于上海锦江饭店设宴为廖静文洗尘接风，并邀请海上书画界同仁出面说明情况，冀得支持。席间白蕉主动带头将自己珍藏几十年的徐悲鸿书画（除双青毛竹、枇杷外），全部交与廖静文。

是年，为鲤庭草书毛泽东《长征》诗（扇面，私人藏）。隶书“大跃进”民歌（扇面，金山博物馆藏）。

1961年　辛丑　55岁

4月8日，上海中国书法篆刻研究会成立。白蕉因“右派”身份，未能加入。

6月24日，于豫园点春堂参加上海市文史馆书画作品评选会。

7月，作兰花扇面（高雄市博物馆藏），题识：“浅尝薄植，每事易易。转学转难，转难转悟。意在笔先，神在法外。钝根人初得会心，颠毛种种。”

10月，为曹漫之作兰花立轴（私人藏），题识：“此写瑞梅，草草而成，了不经意而气韵清上。故无异乎无的放矢者。王子敬答谢安云：‘外人哪得知？’敬此有一面，以白蕉之不自知。白又知子敬之必有不自知敬时。辛丑十月，白蕉写武侯诫子书后写此，颇得山中气象。漫之同志嗢噱。”

孟冬，沈禹钟造访，观白蕉近作兰花小品册页，沈爱其名隽，归后作《蕉兰引》记之。后应白蕉之请，将此诗书于该册首。

12月6日，致信方去疾。24日，收到和平画店金石书法部交来毛泽东诗中堂润资二十五元。

是年摘掉“右派”帽子。

同年，跋钱君匋藏文徵明《窗前鸣珮》卷。行书格言（竖幅，金山博物馆藏）。行书陆游《游山西村》（立轴，金山博物馆藏）。行书辛弃疾《西江月·遣兴》（扇面，私人藏）。行书格言“凡处事……”（竖幅，私人藏）。

1962年　壬寅　56岁

岁首，小楷古文数段（扇面，私人藏）。

春，为周煦良作兰花小品（镜片，私人藏），题识：“心中有人，放笔直扫直是敢。心中有人，不敢放笔，何能直扫？敢之时，义大矣哉。壬寅初春，云间病。气忙之日得此，为煦良教授方家一噱。”为周碧初草书自作诗“老子抽豪纸有声……”一首并兰花扇面（私人藏）。

六月，草书张旭诗“春草青青千里余……”一首（立轴，私人藏）。

夏，为沈良天作扇面二种（私人藏）。其一为行书黄庭坚《登快阁》诗并兰花扇；其二为草书李白《送贺八归越》并兰花扇。试日本笔，行书朱德、鲁迅诗（扇面，私人藏）。

9月25日，致信钱瘦铁。

9月27日至10月上旬，与张大壮、来楚生、陆俨少等十六位画家于美术展览馆举办国画作品展。

11月4日，与上海国画院张大壮、马公愚、来楚生、陆俨少等同人赴镇江写生。

年末，白蕉将晚年所作书法心得手稿寄与北京老友邓散木征求意见，邓散木朱批手稿寄还。

是年，调往上海市美术专科学校，任中国古典文学（诗词题跋）及书法教员。与任政一起，积极协助沈尹默、潘伯鹰做书法普及、挽救工作。曾在由沈尹默创办的上海市青年宫书法学习班及静安区文化馆书法班执教。作兰花扇面（私人藏），题识："云间生不寐生花之一事。"行书杜甫《春夜喜雨》（扇面，私人藏）。行书杜甫绝句（立轴，私人藏）。为鲤庭草书"海为龙世界，云是鹤家乡"对联（私人藏）。草书刘文靖《西江月·饮山亭留饮词》（立轴，私人藏）。行书节录诸葛亮《诫子书》（扇面，私人藏）。行草书自作诗两首（扇面，私人藏）。作兰花斗方（私人藏），题识："使规矩于通脱，藉离披为端雅。以老为嫩，以破为新，以少为多。此中有得，则作数日喜。白蕉并题。"

1963年　癸卯　57岁

岁始，作兰花斗方（上海中国画院藏），题识："稚子声声来小梦，夜灯看画赶良宵。癸卯岁始试笔，白蕉。"

1月，醉后跋沈尹默所书《春蚕词》。

2月，为沈增桐行书“花好月圆人不老，情深调合语初成”对联（私人藏）。

新春伊始，赴京开会，并为李畹芬过六十寿。其间与蒋兆和等在京老友相会，蒋兆和为白蕉作画像一幅，极为传神。白蕉返沪后即装裱配框悬壁观赏。开会间歇，探望病中老友邓散木。

1月29日，与郭晴湖相约，共饮于邓散木家，叙旧谊。

2月4日返沪。

春，与唐云合作《兰竹图》（立轴，私人藏）。

5月1日，得严庆祥赠酒，复信致谢。

夏，试笔二种，为朱其石行书孙过庭《书谱序》（扇面，私人藏）。

7月10日，为邓散木《一足印稿》作跋。是月，捡去岁所作兰花斗方，题赠唐云（唐云艺术馆藏）。

大暑，行书自作诗《苏游纪事》（扇面，私人藏）。

秋，为沈良天题唐云等人合作花草扇（私人藏）。与谢稚柳合作《兰石图》（立轴，私人藏）。行书古人画诀并饶介诗（册页，私人藏）。

9月15日，与唐云、若瓢、孙雪泥等书画家会聚于严庆祥宅邸。

国庆，与唐云、谢稚柳合作兰石立轴两幅（上海中国画院藏），其一题识：“着力东风笔阵骄，山河壮丽太阳高。万年春在芳华在，韵恰歌声上九霄。一九六三年国庆，复生白蕉。”其二题识：“看花日月迴，写韵兰蕙新。花外无多意，江湘老复丁。一九六三年国庆，白蕉并题。”作兰花立轴（私人藏），题自作诗《花农颂》一首。

10月8日，邓散木逝世。白蕉得知后极为震惊，挥涕不已。10月25日，致信邓散木女国治，嘱其节哀顺变，妥善料理粪翁身后事宜。

冬，身体不佳。老友刘旦宅前来探望，为作《鸡菊图》《双骏图》等画作。

是年，为赖少其所藏黄宾虹《画学篇》手卷作跋。题徐子鹤所藏陆俨少作《双松楼图》。为张兆光行书雷锋语录两帧（竖幅，私人藏）。草书卢纶《塞下曲》（立轴，金山博物馆藏）。行书毛泽东《清平乐·六盘山》词（横幅，私人藏）。为蒋炳昌行书毛泽东《水调歌头·游泳》（扇面，私人藏）。为妙真上人草书贾岛《寻隐者不遇》（立轴，私人藏）。为薛佛影行书辛弃疾《水龙吟·登建康赏心亭》（扇面，私人藏）。

1964年　甲辰　58岁

1月9日，致信方去疾。是月，为海泉草书毛泽东“风景这边独好，江山如此多娇”对联（私人藏）。

3月，应安徽省博物馆、合肥师大、安徽省文联邀请赴合肥、芜湖讲学。前后共十九日，讲学五次。带去百件作品，于安徽展出，并将作品全部留下。同时参与鉴定安徽省博物馆库藏书画，其间发现无款《华严经》残页，经鉴定认为是张即之真迹，惜残存甚少，不够出版条件。返沪后遂寄去张即之《五言诗册》照片，并为该书题签，后与残页合为一册出版。讲学期间完成书法讲稿《书法问题讲话》。诗人刘夜烽赠诗作，白蕉行书自作诗两首（斗方），草书“独有英雄驱虎豹，更无豪杰怕熊罴”对联，并题1959年所书《国庆十周年》三首手卷为赠。为玛金行书“昔年喜啜延河水，此日遥攀天柱峰”“梅花欢喜漫天雪，玉宇澄清万里埃”二联（私人藏）。为童雪鸿行草书题写兰旧句（手卷，私人藏）。讲学结束后，由芜湖乘船返沪。因连日操劳过度，归途即病。（按：白蕉夫人金学仪文章中回忆白蕉赴皖讲学是在1965年春节期间，而笔者搜集到白蕉信件自述讲学经历以及石谷风文章回忆，白蕉赴皖讲学是在1964年。因此，关于赴皖的准确时间及相关细节仍有待进一步考证。此处依白蕉信件自述为准）

4月11日，致信邓散木夫人张建权。同日，复信孙正和。

5月25日，致信邓国治。

6月5日，致信方去疾。

春暮，为石谷风行草书题画旧句二十一首（手卷，私人藏）。

初夏，为曹大铁作研铭。试石獾笔，为蒋炳昌行书旧作《题无名氏作醉钟馗图》（横幅，私人藏）。

夏，马公愚携侄孙亦钊来访，白蕉赠予草书联一幅，之后又寄去小行书及兰花各一幅。

8月21日，应昔日光华大学旧友王西野之邀，携妻赴苏州交流。与众友在网师园集虚斋、五峰书屋楼上作书绘画，直至深夜方休。翌日傍晚，泛舟石湖，饮酒赏月，尽兴而归。是夜，即宿于王西野“霜桐野屋”。为王西野行书自作诗《题环秀山庄》（立轴，私人藏）。作兰花，与陈从周、巨盦合作《三清图》（立轴，私人藏）。

秋，石谷风来沪看望。

国庆，为李研吾所藏徐渭行书立轴作跋。

12月，方介堪来访。

是年，草书范仲淹《江上渔者》（立轴，金山博物馆藏）。为志超作兰花小品（镜片，私人藏），题识：“千本崇兰不远人，氤氲帘下坐相亲。年年此日龙华路，一度相看一写真。为志超同学女兄发笑。甲辰白蕉。”行书毛泽东《满江红·和郭沫若》（册页，私人藏）。为蒋炳昌行书“书有真味，学无常师”联（私人藏）。题旧作兰花十二帧赠方去疾。为王青草书毛泽东《卜算子·咏梅》并兰花扇面（私人藏）。为沈良天、洪丕谟行书传辛弃疾《定风波》词各一帧（扇面，私人藏）。行书“越庐”匾额（私人藏）。

1965年　乙巳　59岁

春节，检得旧纸，行书毛泽东《念奴娇·昆仑》（册页，金山博物馆藏）。

5月17日，因高血压病情加重，住上海华东医院治疗。

夏，为盼秋作兰花图（横幅，私人藏）。

是年，为蒋炳昌草书“虎踞龙盘今胜昔，天翻地覆慨而慷”对联（私人藏）。

1966年　丙午　60岁

2月，病愈出院。

3月25日，致信王青。

4月25日，得王青寄赠花生，复信致谢。

5月，“文化大革命”开始，被批斗、抄家，被加上“摘帽右派”等莫须有罪名。白蕉虽力图澄清，却因此受批，并加“翻案”之名，被关于阴暗潮湿之地下室写交代材料，并从事铲油画调色板、洗笔等劳动，生病亦不允许请假。后被“从严处理”，加上“地主分子”帽子，每月只发给三十元生活费，并被取消公费医疗。

夏，行书邓中夏语录（立轴，私人藏）。草书毛泽东《人民解放军攻占南京》（横幅，私人藏）。

是年，草书毛泽东《减字木兰花·广昌路上》并兰花扇面（私人藏）。

1968年　戊申　62岁

春节，弟子刘延驰最后一次来沪看望。

是年秋，咳嗽不止，被查出患有肺结核。遂被遣送回家写认罪检查。

11月，腹泻不止。经查方知是对所服抗结核药过敏所致，因而立即停服。此后腹泻虽止，然精神体质已严重衰退，不久即卧床不起。

1969年　己酉　63岁

1月31日，突然进入轻度昏迷而被家人送进医院，因病卡上被工宣队强迫写上所谓“地主”成分，而遭多家医院拒收，直至晚上重度昏迷方被华山医院接纳入急诊室。

2月3日凌晨3时30分，白蕉辞世，终年六十三岁。

图书在版编目（CIP）数据

读白蕉 / 孟会祥著．— 郑州：海燕出版社，2015.1（2017.1 重印）
（竹堂文丛）
ISBN 978-7-5350-6140-9

Ⅰ．①读… Ⅱ．①孟… Ⅲ．白蕉（1907 ~ 1969）－人物研究
②白蕉（1907 ~ 1969）－书法评论 Ⅳ．① K825.72 ② J292.112.8

中国版本图书馆 CIP 数据核字（2014）第 297889 号

选题策划　黄天奇
责任编辑　胡宜峰
美术编辑　韩　青
装帧设计　张　胜 / 生生书房
责任校对　刘学武
责任印制　邢宏洲
责任发行　贾伍民

出版发行　海燕出版社
（郑州市北林路16号　邮编：450008）
发行热线　0371－65734522
经　　销　全国新华书店
印　　刷　河南大美印刷有限公司
开　　本　32开（890毫米 × 1240毫米）
印　　张　7印张
字　　数　140千字
版　　次　2015年1月第1版
印　　次　2017年1月第2次印刷
定　　价　24.00 元